松陰神社の境内にある松下村塾を見学する安倍晋三総理
（平成 25 年 8 月 13 日／時事通信社提供）

死して不朽《ふきゅう》の見込みあらば、いつでも死ぬべし。
生きて大業《たいぎょう》の見込みあらば、いつでも生くべし。

（安政六年七月中旬、高杉晋作に宛てた吉田松陰の手紙より）

はじめに

「西大寺の変」の日

令和四年七月八日のお昼……、大学にいると、助教のT先生が狼狽《ろうばい》しつつ、「松浦先生、安倍さんが……」と、事件の発生を知らせてくれました。安倍晋三元総理が、参議院選挙の応援演説中、奈良県で銃撃された……とのことで、私は驚愕しましたが、その時は、大学内も騒然としていて、学生たちも、「安倍さんが……安倍さんが……」と言いつつ、ほとんどの者が、スマホをのぞき込んでいました。

その日の午後は、経営科学出版という出版社から依頼されて、伊勢市の麻吉《あさきち》旅館で、「和歌で読み解く皇室」（収録時は、「和歌から学ぶ皇室」）というオンライン講座の収録をすることになっていました。私は不安をかかえつつ、その動画の前半部分の収録を終え、夕方に帰宅して、テレビ報道を凝視していました。

しばらくして、ついにご逝去になったとの報道がありました。近代日本の憲政史上、最長の在任期間を記録した大宰相は、こうして六十七年のご生涯を閉じられたわけです。

呆然としたまま、夜になりました。そして就寝前、神棚に手を合わせ、「安倍元総理の、御霊《みたま》安かれ……」と手をあわせると、突然、涙があふれ出し、嗚咽《おえつ》が止まらなくなりました。人の死に臨んで泣いたのは、平成十七年七月、父が死去して以来のことであったか、と思います。

この本のなかで書いているとおり、私は、安倍元総理（以下、「安倍さん」と記します）とは、生前、何度かお会いしただけです。それでもあの夜、涙が止まらなくなったのは、もちろん私の個人的な思いも、さまざまにあったからでしょうが、それとともに、わが国の未来への憂いが心に満ちていたからではなかったか、と思います。


その七月八日のオンライン講座の収録のさい、私は出版社の方から、突然、「できれば来週に予定している後半部分の収録のさい、『特典動画』として、松浦先生ご自身が詠まれた和歌を、いくつかあげて、解説していただきたいのですが……」と依頼されていました。ですから、わずか一週間で、一時間ほどの動画講座の原稿を書いたのですが、自分が過去に詠んだ和歌を解説するだけのつもりが、ついつい……その時々の政治情勢や、そのころの安倍さんの功績が思いださされてなりませんでした。

そこで、「私の『うた日記』」というオンライン講座の副題を「安倍晋三さんの思い出を交えつつ」としてお話ししました（なお、その時収録した動画は、令和四年九月二十三日に配信されています）。

また安倍さんが殉難されてほどなく、私は『日本の息吹』という雑誌から、安倍さんの追悼文を依頼され、「不朽の人、安倍晋三」という一文を送っています（令和四年九月・十月合併号に掲載。なお、その一文は、拙著『新編　いいかげんにしろ日教組』の下巻『まだ懲りないか日教組』に所収しています）。

『私の「うた日記」――安倍晋三さんの思い出を交えつつ――』の出版

安倍さんの葬儀は七月十二日に行われ、八月二十五日には四十九日を迎え、九月二十九日には国葬儀も終わりました。その間、事件の現場などをはじめ、全国各地で、安倍さんの死を悼んで、献花に訪れた何万人もの心ある国民の姿が見られました。

九月二十七日に行われた国葬儀の時、献花のために並んだ人の列は、最長六キロにおよび、「五時間半待ち」であったということです。その国葬儀での菅《すが》元総理大臣の弔辞、また、十月十五日に行われた山口県民葬での安倍昭恵さんの喪主挨拶、さらに十月二十五日に行われた野田元総理の国会での追悼演説は、いずれもみごとなもので、心ある多くの国民の涙を誘いました。

しかし、それと同時に、そのころのオールド・メディア（テレビ、新聞、週刊誌など）では、「反アベ」の陰湿なプロパガンダが、さまざまなかたちで、しかも延々とくりかえされていました。いったい、なぜオールド・メディアは、全国で献花する人々からすると、たぶん千分の一以下の〝異常な反対者の集団〟を、あれほど大きく取り上げつづけたのか、私には、まったく理解できません。

安倍晋三総理と筆者
（令和元年７月12日　伊勢市にて）

そこで私は、それらの報道への、ささやかな抵抗の意味も込めて、先につくったオンライン講座の原稿を、書きあらためたり、書き加えたりして、それを私費で出版し、せめて私のまわりの方々にお配りしたい、と考えるにいたりました。それが私家版の『私の「うた日記」――安倍晋三さんの思い出を交えつつ――』という小冊子です。

十一月二十九日、初版の五百部が完成して手元に届きました。その巻頭には、国葬儀のさい、皇學館大学に掲揚された半旗の写真と、令和元年七月十二日、選挙応援のために伊勢市にいらっしゃったおり、撮影していただいた私と安倍さんの写真（右）を掲げています（なお、その小冊子の序文と奥付の日付は、吉田松陰先生の命日、十月二十七日にしています）。

安倍さんを追悼する私の文章・講演・動画について

その小冊子が、私の手元に届いてから、ほぼ半月後の十二月十五日、私は東京におもむきました。安倍さんを支えてきた国会議員たちでつくる「創生日本」というグループの勉強会に呼ばれ、「吉田松陰先生と『留魂録』」と題する講演をするためです。

司会は、櫻井よしこさんで、安倍内閣での大臣経験者が、数多く参加してくださったことは、まことにありがたいことでしたが、そのうち最前列に並んで、終始、熱心に聞いてくださった方の一人に、衆議院議員の高市早苗さんがいます。翌年の一周忌を前に、奈良市内に安倍さんの慰霊碑「留魂碑」が建立されましたが、高市さんは、その建立のため、参議院議員の佐藤啓さんとともに中心となって尽力された方のお一人です。

私は、「創生日本」での講演のさい、参加者全員に、その小冊子を無料で謹呈させていただきました。それは、私が亡き安倍さんの御霊に捧げる、まことにささやかな〝言葉の献花〟のつもりでした。

本書の第一章は、その小冊子のなかから、安倍さんにかかわる歌のみを選び、それに私の、さまざまな思いを付したものです。その小冊子をもとにしてはいるものの、本書執筆時点での、私のさまざまな思いをもとに、あらためて、いろいろ書きあらためたり、書き加えたりしていますので、章のタイトルは、「新・私の『うた日記』——安倍晋三さんの思い出を交えつつ」としました。

さて……、年が明けて令和五年……、一周忌が近づくにつれ、私は安倍さんについて、いろいろと語ったり書いたりすることが多くなりました。たとえば、『明日への選択』という雑誌には、「安倍晋三と吉田松陰」という私のインタビュー記事が掲載され（令和五年一月号）、『世界と日本』という週刊新聞には「吉田松陰と『留魂録』」という拙文が掲載されています（令和五年六月五日・十九日号）。

そして一周忌を前にしたころ、私は、安倍さんの追悼講演をするため、ふたたび東京におもむくことになります。六月十一日のことです。

演題は「不朽の人、安倍晋三の志を継ぐために――吉田松陰を師と仰いだ同志を偲んで」で、この時も、私は、参加者全員に先の小冊子を謹呈しました（第一刷は、配り終わっていたため、増刷して、それを配りました）。そして、その時の講演要旨が、『正論』（令和五年八月号）、『祖国と青年』（令和五年七月号）という二つの雑誌に掲載されています。

はじめの令和四年十二月十七日の東京での講演の記録は、近く出版される拙著『神道学博士が語る　日本人に生まれたことが嬉しくなる　日本史十一話』下巻（経営科学出版）に収録しています。その講演と、ほぼ同じ内容ではありますが、本書には、令和五年六月十一日の東京での講演録を、いろいろと書きあらためたり、書き加えたりしたものを収めました。

なお、同六月二十三日、午後六時から、私は経営科学出版社主催のオンライン講演会を行い、伊勢市から一時間ほど配信しました。その演題は、「日本女性の、こころ意気――志士の母・入江満智《まち》」で、その講演のなかで、私は、吉田松陰の話や、亡き安倍さんの思い出も話しています。

そもそも、吉田松陰（以下、「松陰」と記します）の門人には、有名な人もそうでない人も、たくさんいますが、松陰を、一度も裏切ることなく……距離をおくことなく、ついていった門人は、じつは三人しかいません。一人は、金子重之輔《しげのすけ》ですが、この人は、松陰より先に病死しています。あとの二人は、入江杉蔵（九一《くいち》）と、野村和作（明治四年以後は「靖」）の兄弟です。二人は、姓はちがいますが、じつの兄弟です。

二人の母が、入江満智で、オンライン講演では、その満智の話をしたわけですが、兄の杉蔵は、二十八歳という若さで「禁門の変」で討死《うちじに》しています。弟の和作は、数々の死線を乗り越え、維新後、逓信《ていしん》大臣になり、明治四十二年、六十八歳で没しています。

野村和作（靖）に関して、私たちが忘れてはならないのは、松陰の遺著『留魂録』の現物を、今日まで伝えてくれたことです。松陰は、処刑される直前、同囚であった沼崎吉五郎《ぬまざききちごろう》に遺著『留魂録』を託しましたが、沼崎は、それを十七年もの間、一字も破損することなく保持しつづけました。

明治九年、島流しから帰ってくると、沼崎は「長州藩の者に渡してほしい」という松陰の遺言を守り、当時、神奈川県の副知事のような仕事をしていた野村靖を探しあて、訪ねます。野村靖が長州藩の出身者と聞いたからです。

それにしても、そのころ数多くいた長州藩の出身者のなかで、松陰を、一度も裏切ることなく……見かぎることなく、ついていった三人の門人のなかで、維新後も、たった一人生き残っていた野村靖の手に、『留魂録』をはじめとする松陰の遺品が渡ったことは、まことに奇跡としかいいようがありません。沼崎は野村靖に、『留魂録』をはじめとする松陰の遺品を渡したあと、風のように去っていったようです。

沼崎については、それ以前のことも、それ以後のことも、今もよくわかっていませんが、その時、野村靖に渡された『留魂録』の現物が、今も萩の松陰神社に保管されています。私たちが今日、『留魂録』の正確な本文を読むことができるのは、沼崎吉五郎と野村靖のおかげなのです。

なお、松陰のもとには、終生、松陰を裏切らなかった入江杉蔵（九一）と野村和作（靖）兄弟という忠実な門人もいましたが、その一方、松陰を、完全に裏切った人もいます。あまり知られていませんが、田原荘四郎という人物です。

安政五年末、荘四郎は松陰の命を受けて、野村和作とともに、上京して極秘裏に政治工作をすすめていたのですが、怖くなったのか、途中で寝返って、藩政府に密告しています。そして、翌年二月、兄の杉蔵（九一）にかわり、松陰からの指示を受けて上京しようとしていた野村和作を、あろうことか荘四郎は、今度は藩政府の追手になって、追いかけているのです。

じつは松陰も、そもそも荘四郎という人物は、「臆病者」で「嫉妬の気」があり、「大事」にかかわることは、任せられない……と見ていました。そして案のじょう、藩政府がわに寝返り、和作の追手になったわけですが、そのことを知ったあと、松陰は荘四郎のことを、「人面獣心《じんめんじゅうしん》の所《しょ》為《い》」をなす人物……とまで書いて、厳しく非難しています（野村満智に宛てた安政六年三月十一日付の松陰の手紙）。

そういえば、イエスの弟子のなかにも、「ユダ」という裏切り者がいました。とすれば……、荘四郎は、いわば〝松陰門下のユダ〟といっていいでしょう（もっとも、現在、荘四郎は、「松陰門下」の数には入れられていませんが……）。


そして、私は考えます。はたして、安倍さんの政治家としての「門人」たちのなかには、入江杉蔵（九一）と野村和作（靖）の兄弟のような人が多いでしょうか？ それとも、田原荘四郎のような「人面獣心」の人が多いのでしょうか？ 安倍さんの殉難《じゅんなん》後、一年半ほどが経った現在、私が見るかぎり、残念ながら私には、どうも後者のような人々が多いのではないか……という思いを抱いています。

そのちがいは、どこから生じたのでしょう？ いうまでもなく松陰の門人のほとんどは「武士」でした。藩内での立場はさまざまでしたが、多くの門人たちの心の基層には、立派な「武士道」の倫理観・道徳心があったのです。一方、現代の日本には、あたりまえのことですが、もう「武士」はいません。

もちろん、現代にも「武士道」の倫理観・道徳心をもっている人は、どこかにいるでしょうが、少なくとも安倍さんの政治家としての「門人」のなかには、そういう人が、まったく……とはいいませんが、ひいき目に見ても、今のところ、あまりいないように見受けられます。たぶんそのためでしょう……、安倍さんの「志」を継ぐような政治的な動きが、残念ながら今の私には、ほとんど見えてきません。

「留魂碑」の建立と、松陰の墓碑

本書の第二章は、先にも申し上げた令和五年六月十一日、東京で行った講演をもとにまとめたものです。そして、本書の「第三章」では、安倍さんの奥さまである昭恵夫人の、令和五年七月八日、一周忌のさいのスピーチと、同月十七日、台湾で行われたスピーチをもとに、近ごろ私の思っていることとを記し、最後に、今年（令和五年）九月、若者たちと萩の松陰神社に参拝して私が思ったことなどを書いています。

それにしても、残念なことに一周忌を過ぎても、安倍さんの殉難の現場には、何のモニュメントもありません。「目印」さえない……というのは異常なことではないか、と思います。「事件に対する負のイメージを懸念する意見」があるから（『産経新聞』令和五年七月二日）というのが、その表向きの理由だそうですが、もしも「忌まわしい事件を思い出したくないから……」というのであれば、たとえば、広島の原爆慰霊碑も、設置してはいけない……ということになるのではないでしょうか。おかしな話で、世のなかには「負のイメージ」があるからこそ、よりしっかりと記憶しておかねばならないことがあるはずです。

　私は、令和五年三月八日（安倍さんの月命日）、そのころ工事中の西大寺の事件の現場を訪れ、安倍さんの御霊に合掌しましたが、その時は、現場近くのガードレールに、まことに小さな造花が結びつけてあるだけでした。それが唯一の事件の痕跡でした。その造花は、おそらく誰か、心ある方が結びつけられたものなのでしょう。私は、その小さな造花によって、わずかながらですが、悲憤の思いが慰められたような気がしたものです。

西大寺駅前ガードレールの花束
（令和５年３月８日／筆者撮影）

　しかし、ありがたいことに令和五年七月一日、一周忌を前にして、奈良市内の「三笠霊園」に安倍さんの追悼碑「留魂碑」が、建立されました。「留魂碑」という名は、言うまでもなく安倍さんが、終生尊敬していた松陰の遺著『留魂録』から名づけられたもので、その碑面には、安倍さんの筆跡で「不動心」と刻まれています。

　除幕式は、厳重な警備体制のもと、非公開で行われ、衆議院議員・高市早苗さんや参議院議員・

佐藤啓さんたち、約四十人が参加したそうです（『産経新聞』・同前）。おそらく、その「留魂碑」の建立の背後には、長期にわたる高市早苗さんたちの、さまざまなご配慮とご苦労があったものと思われます。

しかし、「設置に反対する人からの妨害リスクも懸念されたため、計画の詳細は完成まで明らかに」されず、「一日の除幕式も、奈良県警による厳重な警備体制のもと非公開で行われた」（『産経新聞』・同前）というのは、やむをえないこととはいえ、何とも悲しいことでした。今の日本人には、「人面獣心」の人が多いようなので、しかたがありません（なお、日本国籍を持っている人でも、その人の〝心のなか〟が「日本人」とはかぎらない……と、私は思っています）。

ちなみに、「留魂碑」の建立直後、さっそく「人面獣心」の人があらわれています。「碑の前に多数のごみ袋が積み上げられた様子」のコラージュ画像が、「ＳＮＳ」で拡散されたのです（『産経新聞』令和五年七月十五日）。しかし、そのような「人面獣心」の人々の悪質な所業《しょぎょう》が、たとえ何度くりかえされても、私たちは、決してそれに屈してはなりません。

かつて松陰の墓も、何度も破壊されています。しかし、松陰の門人たちは、それに屈しませんでした。

松陰の遺体を門人たちが引き取ったのは、松陰の処刑から二日たった十月二十九日のことです。引き渡された場所は、小塚原《こづかはら》の回向院《えこういん》で、引き取ったのは、桂小五郎《かつらこごろう》（木戸孝允《きどたかよし》）、伊藤利助《いとうりすけ》（博《ひろ》文《ぶみ》）などで、そのあと、門人たちは、寺で一番大きな墓を建てます。

しかし、そのお墓は、ほどなく幕府の手によって取り壊されてしまいました。それから三年後……、今度は高杉晋作《たかすぎしんさく》たちが、松陰の遺体を現在の世田谷区の墓所に改葬し、お墓を立てるのですが、またもや幕府は、その墓を壊しています。

それでも門人たちは屈せず、明治元年になって、桂小五郎（木戸孝允）が松陰の墓を再建していいます。そして明治五年、門人たちは、その墓のかたわらに小さなお堂を建てたのですが、それが、現在の東京の松陰神社につながっています。

松陰の墓は、幕府が権力を保持していた間は、二度も壊されたわけですが、そのあと幕府が権力を失うと、そのあと、ようやく落ち着いてお参りできる環境が整ったわけです。一方、奈良市の「留魂碑」の除幕式は、「厳重な警備体制のもと非公開で行われ」、そのあとも、SNS上に悪質な「コラージュ」が拡散されたりしたわけですが、それは、大局的に見れば、安倍さんが、乗り越えようとした「戦後レジーム」が今もつづいている……ということの一つの証なのかもしれません。

松陰の墓を破壊したのは、幕府という権力でしたが、安倍さんの「留魂碑」に悪さをしているのは、今の日本人のなかにいる（あるいは、日本人のなかに紛れこんでいる）「人面獣心」の人々でしょう。そのような人々を生んだものこそ「戦後レジーム」ではないか……と考える時、安倍さんの「留魂」は、今も「留魂碑」というかたちをとって、「戦後レジーム」と戦いつづけている……ともいえます。

とすれば……、「戦後レジーム」が終焉の日を迎えるまで、残念ながら、奈良市の「留魂碑」に、真の意味で、安らぎの時は来ないかもしれません。それまでは、霊園の「管理」も必要でしょうし、「防犯カメラ」も必要でしょう。

しかし、もしもそれらをくぐりぬけて、たとえ「留魂碑」が、傷つけられることがあったとしても、あるいは破壊されることがあったとしても、そして、それが何度くりかえされたとしても……、わが国に、心ある真の日本人がいるかぎり、それは、たぶん何度でも再建されるでしょう。物質である「留魂碑」は破壊できても、安倍さんの「留魂」そのものを破壊することなど、誰にもできません。

「留魂碑」に、真の意味で安らぎの時が来るのが、何年先のことになるのか、私にはわかりません。しかし、その日が来るまで、安倍さんの「留魂」は、たぶん「戦後レジーム」と戦いつづけてくださることでしょうし、いつかその日が来たとしても、安倍さんの「留魂」は、なお、わが国にとどまって、わが国を、永遠に守りつづけてくださるのではないか……と、私は思っています。

令和五年十月二十七日　吉田松陰先生の命日に奈良の「留魂碑」を拝したのち、伊勢市にて

松浦光修《みつのぶ》

奈良市　三笠霊苑「留魂碑」
（令和５年10月27日／筆者撮影）

不朽《ふきゅう》の人　吉田松陰と安倍晋三

――後来《こうらい》の種子《しゅし》、未《いま》だ絶《た》えず

はじめに

第一章　新・私の「うた日記」――安倍晋三さんの思い出を交えつつ

第二章　安倍晋三さんと『留魂録』

第一章

新・私の「うた日記」
――安倍晋三さんの思い出を交えつつ

安倍晋三元総理の国葬儀に際し、
皇學館大学に掲げられた半旗
(令和4年9月27日/筆者撮影)

はじめに

私は、すでに初老の、一介の歴史学者にすぎず、和歌の専門家でも何でもありません。専門の方について学んだことさえありません。

ただし、これまでの人生で、折に触れ、〝心のなかにあるものを表現しておきたい〟という思いだけで、単に五・七・五・七・七で、自己流に詠んできた和歌なら、山のようにあります。とても人にお見せできるような代物ではないのですが、ただメモしておくだけでは、つまらないので、そのようにして詠んだ歌を、時に自分のエッセイの中に紛れこませたり……、自分の著書に入れたり……、また友人知人への年賀状に一首か二首、選んで載せたり……と、そのようなことを、もう二十年ばかり、つづけてきました。

そのうち、ある出版社から、私の詠んだ拙い和歌について、私自身が解説する動画を収録したい……というご依頼を受けました。思いもかけないお申し出でしたが、そのご依頼を受けた日は、忘れもしない令和四年七月八日……、まさに安倍さんが殉難された日でした。

私の歌（以下、「拙詠」と記します）など、まことにお恥ずかしいものばかりで、人前でご披露することなど、本来ならばお断りすべきところであったか……と思います。しかし、そのご依頼を受けた時、すでに私は六十三歳でした。そのこともあって、〝そろそろ私も、自分の人生をふりかえる時があってもよかろう……〟と考え、そのご依頼をお受けしたわけです。そして、過去に詠み散らしてきた拙詠を、何首か、ご紹介させていただき、それらの歌をめぐって、少し個人的な思い出話しをさせていただいて、動画の収録を終えました。

しかし、その動画は、安倍さんの殉難された日から、わずか一週間後の収録だけに、自分の和歌を紹介しつつも、悲運に倒れた安倍さんの思い出を語ることが、どうしても多くなってしまいました。今、その動画を見れば、拙詠を紹介することが本来の目的のはずが、実際のところ、まるで安倍さんの「追悼動画」のようになっています。

この章では、その動画を収録したさいの「読み上げ用の原稿」から、安倍さんに関係する拙詠のみを取り上げ、それをもとに、いろいろと書きあらためたり、書き加えたりしました。これから、それぞれの私の歌にまつわる、安倍さんへの思いを語っていきたいと思います。

一　「闇の世も」――安倍さんと日教組

平成十三年、四十一歳の時、私は、ある新聞に書いた随筆のなかに、こういう拙詠を入れています。

闇のよ(夜・世)も　わが身こがして　燈《ひ》となせば
など迷はん　皇国《すめぐに》の道

「皇国」というのは、わが国のことです。そのころ私は、三重県の日教組との「闘い」のさなかでした。その「闘い」については、平成十五年にＰＨＰ研究所から出版され、令和四年、新しく編集し、大幅に増補して、経営科学出版から復刊された『新編　いいかげんにしろ日教組』上巻・下巻を、ご参照くだされば幸いです。

そこに書いている「闘い」は、いうまでもなく、さまざまな方々のご助力によって、つづけることができたわけですが、いろいろなところに期待しては、結局……何の助けも得られないという体験を、そのころの私は、しばしばしました。失意に沈む時も、少なくなかったのですが、そのような思いを何度もへて、そのはてに私は、この歌のような心境にいたったわけです。

思えば、わが国の歴史は、自分の心と体を焦がして、燈を灯した方々によって、今日まで、かろうじて支えられてきました。その方々とは、たとえば、幕末の志士たちであり、また、近代の日本では、日清戦争、日露戦争、大東亜戦争などで戦陣に散った英霊たちです。

そういう方々のことを思って自分の心を励まし、〝これくらいのことで泣き言は言っていられない……〟と心を定め、そして、その決意を身近な方々に披瀝《ひれき》するため、そのころの私は、この歌を、いろいろな方にお伝えしました。とはいっても……、個人的な手紙や葉書に書いたにすぎないのですが、たしか……そのなかのお一人に、自民党の衆議院議員・高市早苗さんがいました。ありがたいことに、すぐにお返事もいただいたのですが、もう……ずいぶん昔のことなので、そのお返事の詳しい内容は、覚えていません。あるいは、自宅の納戸のなかを、じっくり探せば、そのお返事……、今もどこかにあるかもしれません（高市早苗さんのお名前は、拙著『いいかげんにしろ日教組』〔ＰＨＰ研究所・平成十五年／一一一頁・一四七頁〕、同書の復刊『新編　いいかげんにしろ日教組』上巻〔経営科学出版・平成十五年／一二五頁・一六七頁〕に出ています）。

しかし、政治家の方々のなかでは、高市早苗さんだけが、そのころの孤独な私の心の支えであったわけではありません。おそらく安倍さんも、私と思いは同じではなかったか……と、思います。というのも……これは、ご記憶の方もあるかもしれませんが、安倍さんは、衆議院の予算委員会中、現職の総理でありながら、「日教組はどうするの！」などと「ヤジ」を飛ばしてしまい、「訂正・謝罪」に追い込まれたことがあるからです。

当時の新聞記事を紹介します。

「安倍晋三首相は、（平成二十七年二月）二十三日の予算委員会で、日教組に関する自らの答弁の事実誤認を認め、陳謝した。首相は、閣僚の献金問題を追及する民主党議員に『日教組はどうするの』とヤジを飛ばし、同党と日教組の蜜月関係を浮き彫りにしたかったようだが、答弁での勘違いが勇み足となった。

首相は十九日の同委で、民主党議員に『日教組』とヤジを飛ばし、二十日は、その理由について『日教組は補助金をもらっている』『（日教組の本部がある日本）教育会館から献金をもらっている議員が民主党にいる』などと指摘した。ところが、日教組は国の補助を受けた事実がなく、民主党議員が日本教育会館から献金を受けたこともなかった。

首相は二十三日午前、『正確性を欠く発言があった。遺憾で、訂正する』と答弁したが、民主党の枝野幸男幹事長は記者団に『明確な謝罪もしない姿勢はあるまじき態度だ。〈デマ首相〉は、いい加減にしてもらいたい』と激しく批判した」（産経新聞『THE SANKEI NEWS』平成二十七年二月二十四日）

しかし、その一件について、当時、産経新聞の阿比留瑠比さんが、「『日教組のドン』と呼ばれる民主党の輿石東参院副議長の地元、山梨県の元教員」に感想を聞いたところ、こういう答えが返ってきたそうです。

「山梨の場合、教育会館は山梨県教組の選挙資金の集配所になってきた。同時に、ここに組合員を集めて投票依頼の電話をさせる選挙活動の拠点だった。安倍さんは言い方はともかく、本質的に間違ったことを言ったわけではない」（夕刊フジ『ｚａｋｚａｋ』平成二十七年三月八日）

要は、こういうことでしょう。民主党の議員（当時）は、もちろん税金から直接「補助金」をもらっているわけではありません。けれども、公務員である日教組の組合員の給与から、「組合費」は天引きされていて、その天引きされた「組合費」は、「日本民主教育連盟」という日教組の政治団体に寄付され、その政治団体から、日教組が支援する政治家たちや、その候補者たちに政治資金が流れる構造になっています。つまり、間接的に税金から「補助金」を受けている……ともいえるわけです。

「民主教育連盟」というのは、都道府県ごとにあって、たとえば、三重県には、「三重県民主教育政治連盟」という組織があります。今も活動中です。

また、日教組の「総本山」は、東京にある「日本教育会館」ですが、日教組というのは、そもそも都道府県ごとの「教職員組合」の連合体ですから、「教育会館」も、都道府県ごとにあります。三重県でいえば、県庁所在地の津市の駅前に、「教育文化会館」という巨大なビルがそびえていますが、それが三重県の日教組の「総本山」です。

そのような日教組の政治組織が、どれほど露骨な政治活動をしているか、その一例をあげておきましょう。平成十五年の三重県知事選のさい、三重県の日教組は、三月一日に臨時大会を開いていますが、そこでは、こういう発言がありました。

「今春知事選に向け、前松阪市長の野呂昭彦氏（五六）を推薦することを決めた。また、選挙に伴う組合員の活動費用として『闘争積立金』から二千万円を限度に拠出することを決定した」（『伊勢新聞』平成十五年三月二日）

日教組には、「闘争積立金」などという資金があります。そして、そこからポンと「二千万円」も、地方の首長の選挙活動に資金提供できるのですから、驚きです。

というわけで……、要するに安倍さんの発言は、細かいところはちがっていますが、「本質的に間違ったことを言ったわけではない」ということになります。ですから、ほんとうは「訂正・謝罪」の必要はなかったわけですが、国会審議の都合もあり、その時、とりあえず安倍さんは、心ならずも「訂正・謝罪」せざるをえなかったのでしょう。

その一件からさかのぼること十年……。平成十七年三月のことです。

私は、安倍さんに直接、拙著『いいかげんにしろ日教組』『やまと心のシンフォニー』などをお渡ししたことがあります。そのさい、〝こういう機会は、もうないかもしれないから、どうしても、これだけは言っておきたい〟と思い、私は初対面にもかかわらず、「女系・女性天皇反対」「人権擁護法反対」「ジェンダー・フリー教育反対」など、自分の主張を、矢継ぎ早に申し上げました。ついには安倍さんに向かって、「憲法が変わるまで、占領は終わりません」とまで言い放っています。時に私は、四十五歳でした。

とても〝若気のいたり〟とはいえない年齢であり、まことに無礼な態度ではなかったか……と、今では反省しています。しかし、それも、相手が安倍さんであったからこそ、〝きっと、わかってくださる〟という、いささかの甘えもあって、私は、自分の言いたいことを、思うぞんぶん申し上げてしまったのかもしれません。

二　「胤《ちすじ》正しく」——皇統の護持

これは、平成十八年の拙詠です。

日の神の　胤《ちすじ》正しく　うけ嗣《つ》ぎし
皇子《みこ》生《あ》れまして　時代《とき》は明《あ》けそむ

平成十七年十二月、小泉純一郎内閣の時ですが、「皇室典範に関する有識者会議」の報告書が出ました。女性・女系天皇を容認し、皇位継承順位は長子優先にする……という、とんでもない代物でした。私は強く反対し、神武天皇以来の、皇統の男系継承の伝統を護るべく、執筆や講演などに努めていました。

しかし、何しろ「郵政解散」で勝利を得た直後の小泉総理の〝思い込み〟と〝勢い〟はすさまじく、そのころの私は「もはや、これまでか……」と、暗然とした思いでいたものです。そのような時、平成十八年二月七日、ある代議士の秘書から一報が入りました。

「秋篠宮妃殿下、ご懐妊」という一報です。そのあと、すべてのメディアがその事実を報じ、それを受け、小泉総理の「女性・女系天皇」の推進に歯止めをかけてくださったのが、安倍さんです。

即位礼正殿の儀で聖寿万歳をする安倍総理
（令和元年 10 月 22 日／出典　首相官邸 HP）

もちろん、紀子《きこ》妃殿下のご懐妊の報道は、まちがいなく、おめでたいものでしたが、もしも、それで内親王殿下……、つまり「女子」が誕生されれば、どうなるか？　もはや、その時こそ、小泉総理は何の躊躇もなく、「女性・女系天皇」の実現に邁進していたことでしょう。

やがて平成十八年九月六日、秋篠宮家に、悠仁《ひさひと》親王殿下が、ご誕生されました。私は、〝天佑神助《てんゆうしんじょ》とは、まさにこのことか……〟と万感、胸に迫るものがあり、すぐに知人と、伊勢神宮（内宮）に感謝の祈りを捧げにいったものです。

ここにあげた拙詠は、その翌年の年賀状に書いたもので、「日の神の　胤正《ちすじ》しく　うけ嗣《つ》ぎし」とは、皇統の男系継承の伝統が護られたことをいいます。「胤」というのは、男系継承の血筋のことをいい、『本朝皇胤紹運録《ほんちょうこういんじょううんろく》』という、室町時代の権威ある皇室系図もあります。

「皇子《みこ》生《あ》れまして　時代《とき》は明けそむ」は、時の天皇陛下からすれば、男系男子の皇孫《こうそん》が誕生されたわけですから、ともあれ、その方の御代《みよ》までの、皇統の安泰が確保されたことに対する、私のよろこびを歌ったものです。ほんとうに、あのころのことを思えば、私は今でも、冷や汗が流れるような気がします。

ちなみに、平成二十八年には、こういうことが起こっています。「国連女子差別撤廃委員会」が、日本に関する最終見解の当初案で、〝男系男子による皇位継承を定めた「皇室典範」は「女性差別」であるから見直せ〟という、とんでもない「勧告」を出そうとしていたのです。当時の安倍政権は、すばやくその動きに抗議し、それによって、危ういところでその文言は削除されました。

そのころ安倍さんは、産経新聞の阿比留瑠比さんに、その一件についての憤りを、こう語っています。

「ひどい話だ。（日本の伝統、文化に対する）宣戦布告だよ。国家主権の侵害だ。だったら、〝女性は就けない〟ローマ教皇についても『何で女性はなれないのか』と勧告しろよという話だ。あいつら絶対にそうは言わない。国連にはそういう〝いやらしさ〟がある」（阿比留瑠比「動き出すか男系継承策議論」・『産経新聞』令和五年九月二十八日）

「あいつら」というのが、「国連」をさしているのか、「国連女子差別撤廃委員会」をさしているのか……、定かではありません。おそらく両方をさしているのでしょうが、そうであれば、まさに「あいつら」という言い方は、私から見れば、きわめて適切な表現というほかありません。

安倍さんのその指摘に、私なりに付言させてもらえれば、国連は、ローマ教皇だけでなく、世界中のイスラム諸国の女性の待遇についても、何一つ文句を言わないのが、不思議です。そのくせ日本には、言いがかりとしか言いようのない内政干渉を、平気でしてくるのですから、まさに〝ダブルスタンダード〟です。なぜ国連は、そういうことを平気でするのでしょうか？　たぶん国連は、日本のことを〝アメリカの属国〟くらいにしか……思っていないからでしょう。

もしも、「国連女子差別撤廃委員会」から、そのような「勧告」が出ていたとしたら、どうなっていたでしょう？　おそらく立憲民主党や日本共産党などをはじめとする〝女系天皇・女性天皇・女性宮家の推進派〟と、彼らと思想的に近い日本のオールド・メディアのほとんどは、国連という〝虎の威〟を借りて、皇位の男系継承の伝統を破壊するため、大々的なキャンペーンを展開していたにちがいありません。

もしも、そうなった場合……、時の総理大臣が安倍さん以外の人物であったなら、そのような〝空気〟に流されてしまった可能性が高い、と思います。そして、政府は「国連女子差別撤廃委員会」からの「勧告」にしたがって、新たな「有識者会議」などを立ち上げていたかもしれません。さらに、その「有識者会議」の答申は、「国連女子差別撤廃委員会」からの「勧告」を前提とした「結論ありき」のものになっていたでしょう。いま考えても……、ゾッとします。

皇室は、わが国の根幹であり、その皇室の根幹が皇位の男系継承の伝統です。安倍さんが総理大臣であったおかげで、それが、〝大火事〟になる前に〝鎮火〟されたわけで、その点、いまも私は安倍さんに深く感謝しています。

三　「夢にありしか」――わずか一年での退陣

小泉内閣のあと、平成十八年九月、安倍さんの最初の政権が成立しました。それまで教育の正常化、教科書の正常化などに微力を尽くしてきた私としては、まさに〝干天《かんてん》の慈雨《じう》〟のような、喜ばしい出来事でした。

総理となった安倍さんは、教育基本法の改正、防衛庁の防衛省への昇格など、「戦後レジーム」を克服するための政策を、矢継ぎ早に実現されていきます。しかし、翌十九年九月には、ご自身の体調悪化のため、早くも退陣という事態がおとずれます。

まことにあっけない幕切れでした。テレビ画面を通じて、その退陣会見を見た私は、ただ呆然とした記憶があります。

その二か月後、私は「政《まつりごと》をふりかえりて」として、次のような歌を詠んでいます。

美しき　国へ歩むと　思ひしは
ただ一年《ひととせ》の　夢にありしか

「美しき国」というのは、安倍さんの著書『美しい国へ』（文藝春秋・平成十八年）を踏まえたもので、歌の意味は、こうです。「わが国は、これから安倍さんの目指す方向に歩んでいく……と、私は期待していたのに、それも、わずか一年間の〝夢〟に終わってしまった」。

この歌は、幕末から明治にかけて活躍した皇学者《こうがくしゃ》（国学者）、矢野玄道《はるみち》（文政六〔一八二三〕年―明治二十〔一八八七〕年）の和歌を、いわば「本歌」にして詠んでいます。玄道の歌は、こういうものです。

橿原《かしはら》の　御代《みよ》に返ると　頼みしは　あらぬ夢にて　有りけるものを

歌意は、こうです。「わが国は、これから橿原の御代（神武天皇の御代）という、建国の原点に立ち返っていくもの……と、期待してやまなかったのに、今の世のなかは、そうではない方向に、どんどん向かっていく。私たちの期待は結局のところ、空しい夢に終わってしまったのだ」。

その和歌の背景には、こういう事情があります。慶応三年十二月九日、「王政復古《おうせいふっこ》の大号令《だいごうれい》」が発せられ、明治新政府は「諸事《しょじ》、神武創業《じんむそうぎょう》の始め」にもとづいて、これから新しい国づくりをしていく……と宣言しました。皇学者たちは、ついに自分たちが夢にまで見た時代が来た……と歓喜します。しかし、すぐに厳しい現実に直面するのです。

そもそも皇学者たちは、京都を政治の中心にし、「神祇官《じんぎかん》」や「大学校《だいがっこう》」を建設しようとしていたのですが、早くも明治二年には、事実上の東京遷都が行われてしまいます。しかし、彼らはそれにも屈せず、今度は東京に行って、明治二年には古代さながらの「神祇官」の再興に成功するのですが、その「神祇官」も、わずか二年後の明治四年には「神祇省《じんぎしょう》」に格下げになりました。それにとどまらず、同四年、平田篤胤《あつたね》の学統を継承する皇学者たちは、「不審の筋」がある……との理由で、新政府から処分されています。そして翌明治五年には、とうとう「神祇省」も廃止されてしまうのです。

皇学者たちが明治新政府にかけた「夢」は、まさに「あらぬ夢」となってしまいました。先の玄道の歌は、そのころの彼らの失意と落胆の思いを、詠んだものです。

安倍内閣が一年で終わった時の私の思いも、それに少し似たところがありました。そのため、そのような和歌を詠んで、翌年の年賀状に記し、身近な人々に、私の失意の心を伝えたわけです。安倍内閣のあと政権は、福田政権……麻生政権と、めまぐるしく変わりました。そしてそのあと、私にとっては、「悪夢の民主党政権」の時代がやってくるのです。

その「悪夢」は、平成二十一年から二十四年にかけて、ほぼ三年三か月つづきました。私にとっては、ダジャレではありませんが、まさに「サンザン」な歳月でした。

四　「海陸《うみくが》こえて」――皇學館大学での講演

その「悪夢の民主党政権」がはじまった平成二十二年、私は、こういう歌を詠んでいます。

常闇《とこやみ》の　海陸《うみくが》こえて　呼びつづく
皇国《すめらみくに》の　新しき朝

これは、そのころ全国各地を講演で回っていたことを詠んだもので、こういう意味です。「今は、希望のない真っ暗な世のなかです。その闇のなかを私は、海や陸をこえて、人々に語りかけつづけています。それによって、天皇さまの国……日本に、新しい時代の夜明けを呼ぶことができれば……と、ただそれだけを願って……」。

講演についてですが、そのころの私は、あくまでも各地からのお求めに応じ、決して本務を休むことなく、その間をぬって、全国各地でお話ししていました。回数は、たとえば、平成二十二年は十四回ほど、二十三年は十八回ほど、二十四年は二十二回ほど……、全国各地で講演をしていいます。本務がある以上、それが限界でした。さまざまな問題について、私は、懸命に話しつづけました。

しかし一方で、〝それも虚しい努力かもしれない……〟という思いもありました。それでも、たとえ少しでも、わが国の危機を救うための、ささやかな「大河の一滴」ともなれば……と思い、私は全国各地を走りまわっていたわけです。

そんな民主党政権下の平成二十四年……、私の母校であり、かつ現在、勤務している皇學館大学は、創立百三十年、再興五十年を迎えました。その式典が、四月二十九日に行われましたが、その記念講演に、当時は野党の、ある国会議員が、来てくださることになりました。

安倍さんです。

「創立百三十年、再興五十年」というのは、ちょっと、不思議な言い方かもしれません。というのも……、皇學館の創立は明治十五年で、のちに国立の大学に昇格しますが、大東亜戦争の戦闘停止のあと、昭和二十一年、ＧＨＱの「神道指令」によって廃学にされてしまいます。

やがて昭和三十七年、私立大学として再興されました。再興された時の総長は吉田茂……、そのあとを受けたのが、岸信介先生です。いうまでもなく、岸先生は、安倍さんのおじいさまです。ですから、そういうご縁もあって、その式典の記念講演の講師として、安倍さんが来てくださったのです。

ちなみに、私は、岸先生を、近くでお見かけしたことがあります。岸先生は、最晩年まで、毎年、わが大学の卒業式に欠かさず出席してくださっていて、私は、昭和六十年三月、大学院の博士前期課程の修了式のさい、岸先生の前で、文学修士号を授与してもらいました。

小柄な方で、その時は、たいへんお元気そうでしたが、岸先生はその二年後、九十歳でお亡くなりになっています。ですから、私がお見かけした時は、八十八歳ということになります。

ちなみに、岸先生の「信介」という名前の名付け親は、曾祖父の佐藤信寛《のぶひろ》（寛作）です。そのような一族の歴史について、岸先生の娘で、安倍さんの母である安倍洋子さんは、こう語っています。

「この方（注・佐藤信寛）は旧萩藩士で吉田松陰に軍学を教えたことがあり、のちに島根県令に任ぜられました。その子・信彦は漢学者で山口県議を務め、三男二女を残しました」（安倍洋子『宿命　安倍晋三、安倍晋太郎、岸信介を語る』）

末松謙澄《すえまつけんちょう》編の『防長回天史《ぼうちょうかいてんし》』（明治四十四年―大正十年）という本は、天保期から廃藩置県にいたる長州藩の詳細な歴史書として知られています。なるほど「佐藤信寛（寛作）」の名前は、その本のなかに何度か登場しています。そして、そのような曾祖父と祖父の影響下で、岸先生は、深い漢籍の素養を身につけられたようです。

安倍洋子さんは、こういう思い出を語っています。

「父は手先が器用であっただけではなく、若いときから漢詩を楽しんだように、頭を使って臨機応変の作品をつくるのも得意でした。色紙などを頼まれると、その人の名前を聞いて漢詩の七言絶句の中に名前の一字を入れたり、その人の仕事に合った言葉を組み込んだりと、即興の作品で皆さまに喜んでいただいておりました。じつはそれも、曾祖父が学者で、小さいときから漢籍の素読をやらされたと父が述懐しておりましたが、巣鴨プリズンで時間だけはあるというときにそれをくりかえし勉強したお陰であったようです」(同前)

幕末から明治時代の日本の政治家のほとんどに、漢学の深い素養があったことは、よく知られています。それが、あの時代の政治家たちの見識、胆力、風格などをつくる上で、大いに寄与していたことはまちがいありませんが、大正時代から、わが国の人々の漢学の教養は、急速に消えていきます。

主要な新聞から、漢詩の投稿欄が消えたのが、大正六年です。ですから、岸先生は、江戸時代以来の〝教養の伝統〟を保持していた……という点で、おそらく、わが国では最後の世代の政治家であったでしょう。

なお、安倍さんと長州藩というと、母方の祖父である岸先生のことばかりが取り上げられがちですが、安倍さんを考える上では、安倍さんの父方の祖父、つまり安倍晋太郎さんの父である安倍寛《かん》の存在も重要です。安倍洋子さんは、安倍寛について、こう語っています。

「安倍寛は、東京帝大を卒業、油谷町《ゆやちょう》（注・現在は山口県長門市）になる前の日置《へき》村長、県会議員などを務めたのち、昭和十二年から衆議院議員になり、戦時中は軍の総動員令に反対し、反東條の立場を貫き、翼賛選挙では非推薦で当選しております。十二年組の同期には赤城宗徳《あかぎむねのり》さんや三木武夫さんがおられますが、本人も地元で『昭和の松陰』と呼ばれたほどの気骨のある政治家であったのです」（同前）

安倍寛は、昭和二十一年、五十二歳という若さで死去していますが、その子で、後に外務大臣などで活躍される安倍さんの父・晋太郎さんは、戦時中、東京帝大に推薦入学したあと、海軍滋賀航空隊に第十五期予備学生として入隊し、特攻を志願しています。

安倍洋子さんは、わが子の安倍晋三さんについて、「安倍寛の血といい、岸信介の血といい、なにかのときには命がけで事に当たるというきびしさは、ものの本で読んだというのとはまた違って、身近な空気として体得しているということはあると思います」（同前）と語っています。まさに安倍さんは、父方からも母方からも、正真正銘の「国士」の血をひいていた……という点で、今時の政治家のなかでは、稀有な方だったのです。

そして、その双方の血筋の、いわば「源流」に位置するのが、吉田松陰です。あるいは安倍さんは、百数十年の歳月をこえて、松陰の「留魂」を〝身に宿した人〟であったのかもしれません。

さて……、平成二十四年四月二十九日、「創立百三十年、再興五十年」の式典のさいの、安倍さんの記念講演のお話に戻ります。その日、私は、わが大学では、私だけが安倍さんと面識があるから……ということで、大学から命じられて、安倍さんに付き添いました。

まず近鉄・宇治山田駅でお迎えし、大学の応接室にご案内しました。皇學館大学の応接室には、岸信介先生の書が掛けてあります。そのことを安倍さんに告げたのですが、それには、さほどご関心はなさそうに見えました。近ごろ知ったことですが、岸先生は、満州にいらっしゃった時代から書をたしなまれ、特に晩年は、その世界に没入されていたので、岸先生の書は、いろいろなところに残っているそうで、たぶんそのため、安倍さんにとって、その書は、とくに珍しいものでもなかったのでしょう。

はじめは二人で応接室にいましたが、そのあと三重県知事（当時）の鈴木英敬《すずきえいけい》さんなど、いろいろな方がぞくぞくと、安倍さんにご挨拶にこられました。そしてそのあと、いよいよ安倍さんの記念講演です。会場は満席でした。それに先立って、「元総理に対して、いまさら……」とは思いましたが、私は壇上で、いちおう「講師紹介」をさせていただきました。

その時の講演の主な内容は、皇學館大学の「学園報」に、よくまとめられていますので、以下、それを引用します（なお、大学には、その時の録画も保存されていますし、以下、引用する『皇學館学園報』は、現在、その既刊分のすべてを皇學館大学のホームページから、どなたでもご自由にお読みいただけます）。

「安倍晋三元首相が来学

記念行事の初日、二十九日には、元首相で自民党衆議院議員である安倍晋三氏を講師に迎え、『日本の未来——皇學館に望むこと』と題した記念講演会が開催された。安倍氏は、本学の第二代総長である岸信介氏を祖父にもつなど本学と縁が深い。また、首相在任中は戦後レジームからの脱却をめざし、愛国心や道徳心を備えた日本人を育成しようと教育基本法の改正に知り組むなど、本学の建学の精神に通じるところがある。

講演では、森喜朗氏や小泉純一郎氏にまつわるエピソードや外交の裏話を織り交ぜ、聴衆の笑いを誘いながらも、日本について語る場面では一転、真剣な表情に。

そして、『占領時代に作られた仕組みや歴史と決別し、真の独立を日本人の手で勝ち取るべき』と話し、『水を分ち合ってきた、日本人という農耕民族にふさわしい資本主義のあり方が求められている』と熱く語った。最後に、敗戦翌年の歌会始で詠まれた昭和天皇の御製『降り積もる深雪に耐えて　色変えぬ　松ぞ雄々しき　人もかくあれ』を紹介し、『日本の国柄、伝統を守り伝え、日本人としての誇りを持った人材を輩出してきた貴学の果たす役割、使命は大きく、重い。今後の発展と教育研究におけるさらなる研鑽と実践に期待したい』と締めくくった」（『皇學館学園報』第三十八号・平成二十四年六月一日）

講演ののち、私は近鉄・宇治山田駅までお見送りしました。お見送りのさい、安倍さんは、一度は宇治山田駅のホームに立たれたものの、「まだ時間あるよね」とおっしゃり、また駅の一階にもどって、レストランに入り、うどんを注文されました。お昼に、何も召しあがっていなかったからです。そのため、私も含め〝お付きの者〟も、ゾロゾロと一階にもどって、レストランに入り、安倍さんが、うどんを注文して、それを食べ終わるのを、まわりでジッと見守ることになりました。

その時、私は平成十七年三月、東京で、はじめて安倍さんにお会いした時、とても顔色が悪かったことを思い出しました。そして、目の前の安倍さんを見つつ、（ずいぶんお元気になられたなあ……）と、とても嬉しく思ったものです。

思い出すのは、あらためて宇治山田駅のホームに上がって、いよいよお別れとなった時、私が、ある民主党（当時）の国会議員の批判をすると、安倍さんは、「んー」と考えて、ようやくその人物を思い出されたのか、一言、「下品だね！」とおっしゃったことです。その議員は、まさに、その一言ですむような、そういう議員でした。

安倍さんが近鉄電車に乗り込み、座席に座られました。私は、電車の窓ガラス一枚向うの安倍さんを、電車が動き出すまで、ホームに立ってお見送りしたのですが、その時、少し気になることがありました。安倍さんの前の席に、いかにも〝ヤンキー風〟の若者が座っていたのです。（安全対策上、せめて前後左右の席くらいは、関係者で固めるべきではないのか……）と、思いつつ、その一方で、（そういうことを気にしないのが、安倍さんのよいところなのかな……）とも、思ったものでした。

そのようなわけで私は、その日は半日ほど、ずっと安倍さんのそばにいました。そして、安倍さんの安全確保の点で、一抹の不安を感じつつお別れしたわけです。

今となれば、〝やはり安倍さんの警備にあたる人々には、もっともっと、安倍さんの身の安全に気をつけてほしかった……〟と悔やまれてなりません。どう悔やんでも、今さら仕方のないことだとはわかっていても……。

もしも安倍さんが、令和四年七月八日、凶弾に倒れるという、悲劇的な最期を遂げることがなければ……と、私は、ふと考えることがあります。もしかしたら政界を引退ののち、ご祖父の岸先生のように、わが大学の総長となって、九十歳近くまで、毎年、卒業生を見送っていただくことになった……かもしれない、などと考えると、私の胸には、あらためて無念の思いがつのります。

五 「松下《しょうか》の風」――ふたたび総理へ

さて、それから五か月ほどして、事態は急展開します。安倍さんが自民党の総裁選に出馬されたのです。そして、ふたたび自民党の総裁に返り咲かれました。さらに総選挙をへたあと、その年（平成二十四年）の十二月二十六日には、ついに、新しい安倍政権が発足します。

ようやく「悪夢の民主党政権」が終わったのです。それどころか、一転して私には、ふたたび大きな希望のもてる時代がやってきました。

政権運営は順調につづき、平成二十六年十一月、新しい安倍政権は「解散総選挙」に打って出ます。その報を受けて詠んだのが、次の歌で、そのあと新たな改造内閣（第三次内閣）が発足します。

美しき　国へいよいよ　船晋《すす》む
松下《しょうか》の風を　帆に受けて今

「美しき国」というのは、先にも言ったとおり、安倍さんの著書名を踏まえた言葉です。「すすむ」に「晋」の字をあてたのは、安倍さんの名前からとったものですが、そもそも、その字は……、幕末の長州が生んだ英雄、高杉晋作の「晋」の字にちなんだものといわれています。

「松下の風」というのは、〝松の下を吹く、すがすがしい風〟を、私なりに表現したものです。いうまでもなく、松陰の「松下村塾」をかけています。

令和四年七月十二日、安倍さんの葬儀が行われましたが、その時、昭恵夫人は、こういうご挨拶をされています。

「十歳には十歳の春夏秋冬があり、二十歳には二十歳の春夏秋冬、五十歳には五十歳の春夏秋冬があります。父、晋太郎さんは首相目前に倒れたが、六十七歳の春夏秋冬があったと思う。主人も政治家としてやり残したことはたくさんあったと思うが、本人なりの春夏秋冬を過ごして、最後の冬を迎えた。種をいっぱいまいているので、それが芽吹くことでしょう」（阿比留瑠比「芽吹くか安倍氏『後来の種子』」・『産経新聞』令和四年七月十四日）

これは、吉田松陰の『留魂録』の一節を、踏まえたものです。そもそも安倍さん自身が、かつて父・晋太郎さんの追悼文で、その『留魂録』の一文を引用されていたのですが、今度はその一文を昭恵夫人が、安倍さんの追悼文で引用されたわけです。

安倍さんは生前、昭恵夫人にも、しばしば松陰のお話をされていたそうで、それで、昭恵夫人は、ごく自然に『留魂録』の一節を踏まえたご挨拶をなさったのでしょう。安倍さんは吉田松陰を仰ぎつつ、その生涯を過ごされたわけで、いわば生涯を通じて、松陰は安倍さんの〝心の柱〟であったわけです。

松陰と安倍さんといえば、私には、いくつかの思い出があります。私は、平成二十三年十月、『〈新訳〉留魂録　吉田松陰の「死生観」』と題する著書を出版しました（奥付の日付は「十月二十七日」、つまり松陰の命日にしています）。

それから四か月ほどした平成二十四年二月二十六日、私は、大阪で行われたあるイベントに出向きました。安倍さんがおこしになる、と聞いていたので、私はその本をもって、イベント会場に行ったのです。

そのころの私は、ただ漠然と「安倍さんは長州の方だから、松陰のことをお好きなのではないか……」くらいの認識で、大阪に出向いたような記憶があります。私は、そのイベントを主催した団体の内部の人間だったので、控室には、すんなり通してくれました。

そのころの安倍さんは一回目の総理を退いたあとで、政権も民主党に移っていましたので、立場としては、一野党議員でした。とはいえ……、何しろ元総理です。

私は、いささか緊張しつつ、おずおずと、かばんのなかから、『「新訳」留魂録　吉田松陰の「死生観」』を取り出しました。すると、その本の紺色の表紙が見えた瞬間……、安倍さんは、「あっ、松陰先生の本ですね」と、おっしゃいました。「吉田松陰の本」ではなく、「松陰先生の本」なのです。人間……、とっさの時には、つい本心からの言葉が出るものです。たぶん安倍さんは、ふだんから「松陰先生」と言い慣れていらっしゃったから、瞬時に「松陰先生」という言葉が出たのでしょう。

安倍さんが、どれほど松陰に傾倒されていたか……、これは、令和四年十二月十五日、東京で、櫻井よしこさんから聞いたことですが、ある時、安倍さんが櫻井さんに、『吉田松陰全集』を、「どこまで読んだか？」と問いかけてこられたことがあったそうです。そして、その上で、「もしかしたら、あの女性……、松陰先生の〝初恋の人〟ではなかろうか……」というような話までされたそうです。

櫻井さんは、そのさい、安倍さんが言った女性の名前など、くわしいことはお忘れになったそうですが、私は、もしかしたら、安倍さんが言ったその「女性」とは、高須久（久子）のことではないか、と思っています。高須久は、安政元年、松陰が「野山獄」に入っていたころの同囚で、その時、獄中では、たった一人の女性でした。

当時の年齢は、三十七歳であったといわれています。松陰とは和歌や俳句のやりとりをしていますし、松陰が二度目に投獄された時も、久は、まだ「野山獄」にいて、やはり松陰と和歌や俳句のやりとりをしています。

安政六年五月、とうとう松陰が江戸に護送される……ということになった時、久は松陰に「手のとはぬ　雲に樗《おうち》の咲く日かな」という句を送っています（『東行前日記』）。「樗」とは、落葉小高木の名ですが、この句は、松陰が手のとどかぬところへ行ってしまう……という寂しさを詠んだものでしょう。

そして、いよいよお別れとなった時、久は、松陰に「せんべつ」として「汗ふき」を送り、それに対して松陰は、「一声を　いかで忘れん　郭公《ほととぎす》」と応えています（『詩文拾遺』）。松陰は、自分を「ほととぎす」に例えることが多いので、つまり、ここで松陰は、久の「一声」を〝私は忘れませんよ〟と言っているわけです。

それから、はるかな歳月が流れて、平成十五年のこと……、松陰の門人・渡邊蒿蔵《こうぞう》の遺品のなかから、晩年の久が松陰を偲んだ和歌を詠み、それを刻んだ茶碗が発見されました。刻まれていたのは、こういう和歌です。「木の芽つむ　袖に落ち来る　一声に　世をうち山の　ほととぎすかも」。そして、その末尾には「久子　六十九才」と刻まれています。

「一声」とは、いうまでもなく松陰が、別れぎわに久に送った俳句のなかの「一声」をふまえていて、「世をうち山」は、たぶん「世を撃ちやま」と解釈すべきなのでしょう。もしかしたら『古事記』や『日本書紀』の歌謡のなかの「撃ちてし止まん」という言葉をかけているのかもしれません。つまり、世のなかに対して命をかけて戦い、そして世のなかを変えた……という意味をこめているのでしょう。「ほととぎす」は、いうまでもなく松陰のことをさします。

久は「六十九歳」と刻んでいますから、この茶碗は、松陰が亡くなってから、二十七年後の明治十九年ごろにつくられたもの……ということになります。それほどの歳月を経ても、久は、ありし日の松陰のことを、「いかで忘れん」という思いで和歌に詠み、それだけではなく、その和歌を、茶碗にまで刻みこんでいたわけです。

話をもとにもどすと……、ともあれ安倍さんは、あの多忙な日々のなかで、松陰の一般的な本だけではなく、専門家でも、なかなか読みこなすのがむずかしい『吉田松陰全集』まで、読んでいらっしゃったわけです。ふつうの政治家には、なかなかできないことですが、そのような地道な読書が、たぶん安倍さんを戦後の政治家には珍しい「国家観」や「歴史観」、さらには、しっかりした「哲学」のある政治家にしたのでしょう。

さて、もう一つ……安倍さんと松陰にまつわる、私の個人的な思い出をお話しします。じつは私は、安倍さんが、松陰の詠んだ和歌を朗誦される現場を目撃したことがあります。

令和元年七月十二日、伊勢市に選挙応援にいらっしゃった時の話です。私は、大学の開講期間中は、毎週、学内で自由参加の勉強会をしているのですが、その日の朝、私の研究室に、その勉強会に欠かさず参加していた女子学生が訪ねてきました。「何?」というと、「あのー、安倍さんと何を話したらいいのかな、と思って……」と言います。私が「『安倍さん』って、誰?」と聞くと、その学生は「総理大臣の安倍さんです」と言いました。

私が驚いて「はぁ? どういうこと?」と聞くと、なんでも今日、安倍さんが伊勢市に選挙応援に来られる……、そしてそのあと地元の若者たちと、昼食をともにされることになっている……、たまたま自分が、その若者の一人に選ばれた……ということでした。その昼食会は、たぶん地元の自民党の企画だったのでしょうが、私はその日まで、何も知りませんでした。そこで、私はあわてて、できる範囲で、その研究会に参加している学生たちに「安倍さんが、外宮前で演説して、そのあとMさんが、安倍さんとお昼ご飯を食べるらしいよ」と連絡しました。そして私も、たまたま授業の空き時間だったので、タクシーで外宮前にかけつけました。

安倍さんは、真夏の応援演説がつづいていたからでしょう……日焼けされていましたし、応援演説の直後で、汗だくになっていらっしゃいました。さぞやお疲れのことであったと思います。しかし、それでも予定どおり伊勢周辺の十名ほどの若者たちと、昼食をともにされました。そして、たぶん一人ひとりに「今、何をしているの?」というような質問をされていったようです。

そして、いよいよ私の教え子の女子学生の順番になりました。すると、その女子学生は、「松浦先生のもとで、松陰先生の勉強をしています」と言いました(そのころ、私の自由参加の勉強会では、吉田松陰の『講孟余話』をテキストにして、学生たちとともに学んでいました)。

安倍さんは、とても驚かれたようです。そして、隣にいた三重県知事(当時)の鈴木英敬さんに向かって、「いま、『松陰先生』って、言ったよね!」と確認され、そのあと、急に元気を取りもどされました。山口県以外の地で、「松陰先生」という言葉を聞いて、よほど嬉しく思われたのでしょう、予定時間を三十分ほどすぎても、若者たちに、いろいろと語りかけられていました。そしてその時、安倍さんは、松陰の和歌まで朗誦してくださったのです。

こういう和歌です。

今日よりぞ　幼な心を　打ち捨てて　人と成りにし　道を踏めかし

これは、松陰が二十六歳の時、甥の玉木《たまき》彦助《ひこすけ》の元服を祝い、彦助に贈った和歌です。その和歌を、安倍さんは、暗記されていたのです。

その時、その女子学生は、安倍さんに、「尊敬する人物は、誰ですか?」とも問いました。すると安倍さんは、即座に「吉田松陰先生」と答え、そのあと「しかし、私は、とても松陰先生のマネはできない」と語られ、「できないから……」と言って、ちがう人物の名前もあげられたそうです。

しかし、それが誰なのか……、今もわかりません。なぜなら、その女子学生は、その時、興奮して頭が真っ白になり、その時の安倍さんとの会話の内容を、その昼食会の直後に、ほぼ忘れてしまっていたからです。

いったい、その〝ちがう人物〟とは、誰なのでしょう。哀しいことに、それが誰なのか、もはや、ご本人に確認することはできません。

なお、令和五年十月二十七日、松陰の命日をえらんで、その時の女子学生と私は、奈良市の三笠霊園を訪ね、安倍さんの「留魂碑」に献花をした上、二人で合掌しました。あれから四年の歳月が流れ、すでにその女子学生も社会人となり、もう私も、その時の安倍さんと同じ年齢です。長い合掌のあと、私は、「四年前は、まさか……こういうところで、こういうかたちで、安倍さんと〝再会〟するとは、思ってもいなかったね」と言いましたが、そう語りつつ、私の胸には深い悲しみが満ちてきました。献花台には、いくつもの新しい花が供えてありました。

その日……、お昼の奈良市は、秋晴れの晴天だったのですが、夕方、伊勢に戻るころには、激しい雷雨になりました。一人、閑散としたバスに乗り、伊勢神宮の外宮のあたりを通ると、激しい雨のなか、あたかも天地の神々が、お怒りになっているかのような、すさまじい雷鳴が何度も鳴り響いていました。

その日のことを、私はこう詠んでみました。

留魂碑　献花の夕は　伊勢 雷雨
神の怒りか　神の嘆きか

六　「新しき御代」――初の国典からの元号

伊勢志摩サミットで伊勢神宮を案内する
安倍総理と各国首脳（出典　首相官邸ＨＰ）

平成二十五年は、伊勢神宮の御遷宮《ごせんぐう》の年……、そして、令和元年は御譲位《ごじょうい》による御代《みよ》がわりの年でした。いずれもわが国にとって、大切な節目の年でしたが、幸いなことに、どちらの時も、総理大臣は安倍さんでした。

第六十二回の式年遷宮が行われた平成二十五年の参拝者数は、過去最高の一千四百二十万人にのぼりました。安倍さんは、八人の閣僚とともに「遷御《せんぎょ》の儀《ぎ》」に参加されていますが、戦後の歴代総理大臣で、そこまでしてくださったのは、安倍さんだけです。

そのあと、平成二十八年五月には、「伊勢志摩サミット」が開催され、安倍さんは各国首脳を、伊勢神宮に招かれました。内宮の宇治橋前に立つ安倍さんのもとに、次々と各国の首脳が訪れ、やがて勢ぞろいして御正宮《ごしょうぐう》へと歩いていく……、あの名画のような場面は、今も忘れられません。

そのころ、私は『龍馬の「八策」――維新の核心を解き明かす』という本の執筆に追われていました。そのため、日曜日も大学の自分の研究室で、本を書いていたのですが、六月二十六日の日曜日の午後、三重県の自民党の方から、電話がかかってきました。

四日後の六月三十日、安倍総理が選挙応援のため、伊勢市に入られる……、ついては、皇學館大学の学生食堂で学生たちと昼食をとる……ということはできないだろうか、というのです。ちょうど十八歳選挙権が認められて、はじめて行われる選挙ということで、三重県の自民党としては、〝若者たちと総理の懇談〟という「絵」がほしかったのかもしれません、私は驚いて、「いや、私の一存では、ちょっと……。まずは学長にご相談した上でないと……」と言って、いったんは電話を切りました。

しかし、安倍さんが伊勢市に入るのは四日後……、日時は差し迫っています。「しかも今日は日曜日……、学長に相談するといっても、どうしたら……」と思ったのですが、その日の午前、ふだんは誰もいないはずの日曜日の学内で、私は学長を見かけて、雑談をしたことを思い出しました。

「もしかしたら、まだ学内にいらっしゃるかもしれない……」と思い、私は、それほど広くない学内を、自転車で探し回ったところ、たまたま一人で歩いている学長（当時の学長は、清水潔教授）を見つけました。どうやら学内の有志で行われている「楠公祭《なんこうさい》」に参加されていたようで、そのあまりのタイミングのよさを思うと、私は「楠公」（楠木正成）の御神霊《ごしんれい》のお導きではないか……と思われてなりませんでした。

「いた！」（「いらっしゃった」と言うべきでしょうが……）というわけで、私は、手短に学長に事情をご説明します。清水学長も驚いていらっしゃいましたが、清水学長は、私と同じく皇學館大学の卒業生です。

私よりも十期ほど上の方ですから、私よりも岸信介総長の時代を、よくご存じのはずで、私は話しつつ、「なんとかなりそう……」という感触を得ました。そこで私は、「あとはお任せします」と言って去り、すぐにそのことを、三重県の自民党の方にお電話したわけですが、考えてみれば、その方から電話を受け、返しの電話をするまで、時間にして、わずか十分ほどの出来事でした。

そのあと、理事長や学長など、わが大学の首脳部のあいだで、どのような騒ぎが起こったのか……、くわしいことは私にはわかりません。ともあれ、その四日後の六月三十日、安倍さんは、わが大学に来訪され、学生たちと、昼食をともにしてくださったわけです。その時の様子は、今もユーチューブで見ることができます（「皇學館大学　安倍総理」で検索してみてください）。

その時の様子を、『皇學館大学学園報』が、詳細に報じていますので、以下、その記事の全文を引用します。

「安倍首相が学生らと懇談

六月三十日、安倍晋三内閣総理大臣が来学。倉陵《そうりょう》会館一階の食堂にて学生十名と約十五分間、懇談を行った。食堂には大勢の学生が集まり、安倍首相の訪問を歓迎した。

大歓声に包まれた食堂

安倍首相の来学は今回が二度目。首相の祖父にあたる岸信介元内閣総理大臣は、本学の第二代総長を十九年間務め、本学とは縁が深い。

六月三十日午後〇時二十分、首相を乗せた車が記念講堂前に到着すると、佐古《さこ》一洌《かずきよ》理事長、清水潔学長らが出迎え、食堂のある倉陵会館へと案内した。食堂へ続く通路には学生や教職員が詰めかけ、列になって出迎えた。一時、盛り上がった学生が通路にあふれ、前へ進めないほどとなったが、首相はルートを遠回りしてハイタッチや握手を求める学生に快く対応。その後、普段学生が使う食券機で食券を買い、食堂へ入った。

学生の夢を応援

今回の懇談には、各学部へ募集をかけ集まった男子学生三名と女子学生七名が参加。まずはそれぞれの学生が自己紹介をした。安倍首相のリクエストで「将来の夢」について各自が語ると、首相は一人ひとりの答えに対して感想などを述べ、社会科教師をめざす学生には『子どもたちに正しい日本の歴史を伝えてください』と励ました。また女子学生が社会で活躍するという夢も応援した。

その後、学生から首相に対して質問が相次いだ。『伊勢志摩サミットはどうでしたか』という問いに対して首相は『天気が心配されていたが、内宮・宇治橋前で各国首脳を迎えるときに晴れ間がのぞき、正宮前で写真を撮る瞬間に光が差した。その瞬間、サミットの成功を確信した。伊勢神宮には全員が感激していた』と語った。

また神道学科の学生が現在、お祓いなどの神事で使用する麻の国内生産が減少し、中国など外国製に代わっている問題について質問すると『妻（注・昭恵夫人）も関心を持って取り組んでいる。麻は日本古来の文化。麻が日本の限られた地域でしか生産できないという課題の解決に取り組んでいきたい』と話した。

『人の心を掴むにはどうすればいいか』との問いに対しては『誠心誠意で接すること』と回答。休日の過ごし方について尋ねられると『DVD鑑賞やランニングなど、仕事を忘れて違う世界に没頭することで気持ちを切り替え、リラックスしている』とプライベートな一面を明かした。首相の気さくな人柄もあり、終始笑顔の絶えない和やかな場となった。

学食にて学生の質問に答える安倍総理
（出典 『皇學館大学学園報』第63号）

濃密で印象深い時間に

当日の滞在時間は三十分と短時間だったが、学生にとっては濃厚で印象深い時間になったようだ。教育学科三年の佐々木楽人君は『質問に対して、学生でも理解できるよう分かりやすく噛み砕いて答えてくださった。光栄だった』と語った。国文学科四年の伊藤祥夏さんは『政治の話になるかと思ったが、ラフな話題も多く、緊張がほぐれた。話し方が優しく、人の目をまっすぐに見てボディランゲージを交えながら語られるので言葉に説得力があった』と感想を語った。

また、首相は大学生テレビの取材にも応じ、『教員志望の方が多いと聞いた。未来の子どもたちのために頑張ってほしい』と本学学生へエールをおくった」（『皇學館大学学園報』第六十三号・平成二十八年八月二十日）

以上ですが、ユーチューブの動画を視聴していただければ、学生たちに安倍さん本人が語っているところや、ここには書かれていない安倍さんの言葉も、視聴することができます。

その四年前の平成二十四年四月二十九日、私が宇治山田駅で、安倍さんの安全確保に一抹の不安を覚えつつ、お見送りしたことは、すでにお話ししたとおりです。ですから私は、何やら心配でならず、学生たちとの会食が行われている間、ずっとテーブルの近くに立って見守っていました。その時、私は気づかなかったのですが、はからずもユーチューブの動画には、私が、やたらとニコニコしながら、ずっとテーブルの近くに立っている姿が映っています。お恥ずかしいかぎりです。

やがて学生たちとの会食が終わり、安倍さんが学生食堂を出られる時、私は、安倍さんに近づいて「総理！　お久しぶりです」と声をかけて、握手を求めました。すると安倍さんは、はじめて私に気づかれたのか、「おう！」という感じで、笑顔で握手をしてくださり、さらには私の肩まで叩いてくれました。

皇學館大学は、令和四年に「創立百四十年」を迎えた大学です。しかし、現職の総理が、学生食堂で学生と昼食をともにする……というような出来事は、たぶん皇學館大学の歴史上、はじめてのことではなかったか、と思います。

この時、安倍さんと昼食をともにした学生のなかに、私の自由参加の勉強会に参加していたゼミの女子学生がいました（先の女学生とは別人です）。彼女は、安倍さんと昼食をともにできる……と知ったあと、いろいろと安倍さんの〝好み〟を調べたらしく、「なっちゃん」というジュースと「ブラックサンダー」という駄菓子を用意して、安倍さんに渡そうとしていました。

「なっちゃん」は学内の売店や自販機にはなかったものの、「ブラックサンダー」はあり、それは、ちゃんと安倍さんに渡せたそうで、その時の安倍さんの笑顔は忘れられない……と語っていました。また、私の勉強会に参加していた男子学生は、安倍さんが学食を出ようとした時、黒山の人だかりのなかから、身を乗り出して、色紙を安倍さんに差し出したのですが、その時、安倍さんが快くサインしてくださっている様子も、ユーチューブの動画に残っています。

それほど安倍さんは、若者たちから愛されていた……ということでしょう。はたして今後、わが国に、そういう総理があらわれるでしょうか。

「西大寺の変」があってから、総理の身辺警護の体制が問題になりました。厳重にすべきなのは、当然です。ですから今後、誰が総理大臣になっても、現職の総理大臣と学生たちの、あれほど自然で和やかな交流の光景は、たぶん今後長く見ることはできないでしょう。そう考えると将来、その動画は〝古きよき時代の貴重な記録映像〟ということになるかもしれません。

わが国の国民すべてが、良識やマナーを守れる人々であったからこそ、そのように美しく、なごやかな風景も、ありえたわけです。それが、たった一人の卑怯・卑劣な殺人犯の手によって、たぶん今後、長く失われるであろうことは、今さら悔やんでも、悔やみきれるものではありません。

さて……、それから三年後、我が国は「御代がわり」をむかえます。安倍さんのご業績で、私がとくにありがたいと思っていることの一つは、近代日本では、はじめてのことになる御譲位《ごじょうい》という、むずかしいことを、みごとに乗り切っていただいたことです。また新しい元号を、わが国の歴史上、はじめて漢籍ではなく、国典の『万葉集』を典拠として制定されたことも、歴史上、大きな意味をもっています。

安倍さんのことですから、たぶん内々に天皇陛下から「勅許《ちょっきょ》」を受けられたあと、正式に発表されたはずです。安倍さんは、戦後の歴代総理大臣のなかでは珍しく、わが国の歴史と伝統を大切にされていた方です。
もしも安倍さんのような方が総理大臣でなかったら、御譲位や改元という国家の重大事にさいし、天皇陛下に対して、時の総理が無礼なことをしでかしていたかもしれません。いま思えば、それらの重大な国の節目に、安倍さんが、国政を担っていてくださったことは、わが国にとって、まことに幸運なことであった……と、私は思っています。

そして、令和元年五月一日、ついに新しい御代、「令和」がはじまりました。その時、私が詠んだのが、次の歌です。

風かほる　静けき神都《まち》に　光満ち
新しき御世《みよ》　開《ひら》きそめたり

そのように静かに、清らかに開けた、新しい令和の御代でした。しかし、令和元年、「御代がわり」にともなう一連の儀式が、ほぼ終わりをむかえ、新しい年、令和二年がはじまるとともに、世界には、もちろん日本にも……、「新型コロナ」というシナの武漢から感染が拡大した疫病が襲い、それまでの私たちの生活は、一変してしまいました。
さらに、その疫病も終息しないうちに、令和四年二月には、ロシアのウクライナ侵略がはじまります。そして同年七月八日には、安倍さんが、選挙応援の演説中に凶弾に倒れる……という、戦後の日本では、ありえないような惨事が起こりました。また、安倍さんの一周忌のあと、令和五年の十月には、「ハマス」によるイスラエルへの攻撃をきっかけとして、イスラエルが「ガザ地区」に軍事行動を起こす事態になっています。さらにいえば、いま……有識者の間では「台湾有事が近いのではないか」との懸念も高まっています。

安倍さんの暗殺事件そのものについて、私は、さまざまな疑問を感じていますが、今のところは、報道されている範囲のことしかわかりません。けれども私は、その事件について、二つだけ言っておきたいことがあります。

一つは、令和四年三月の札幌地裁の判決です。もう一つは、その背後にあったオールド・メディア（テレビ・新聞・ラジオ・週刊誌）の長きにわたる、まことに異常な「安倍たたき」です。

安倍さんの街頭演説に対して、反対派の異常な妨害活動がくりかえされていたことは、よく知られています。かつて平成二十九年七月の東京都議選のさい、秋葉原で応援演説をされた時、あまりにひどい妨害があり、安倍さんが、「こんな人たちに、負けるわけにはいかない！」と言ったことは、よく知られています。しかし、オールド・メディアは、妨害した人々ではなく、そう言った安倍さんをたたきつづけました。

その流れのまま、令和元年の参議院選挙では、札幌で演説妨害事件がおこります。それを警察が排除したところ、驚くべきことに排除された二人が、逆に、損害賠償の訴えをおこします。そして、なんと札幌地裁は、令和四年三月、北海道警の方に非がある、として、〃北海道は排除された人々に損害賠償せよ〃という判決を出しているのです。呆れた判決というほかありません。

そのような〃空気〃のもと、警察の警備体制が委縮していったことは、否めません。現に令和元年の参議院選挙では、東京都中野区での安倍さんの演説のさい、「安倍辞めろ」と騒いでいた一団が、安倍さんの演説を聞いていた女性から「演説が聞こえない」と注意されても選挙妨害をやめず、それどころか注意したその女性のスマホを取り上げて、地面にたたきつけて壊した……という事件も起きています。

その時、警備していた警察官は、その出来事を、ただ傍観していたそうで、そして、そのあと「注意すると人権問題だとか、差別だとか言われるから、強力に排除できない」と語ったそうです（『産経新聞』令和五年六月二十四日）。そのような警察の委縮した姿勢も、「西大寺事件」の誘因の一つであったことは、まちがいないでしょう。

異常な活動家の一団と、それを支援するかのようなオールド・メディアと、それに委縮する警察と、そして、それらのつくる〃空気〃に忖度しているとしか思えない裁判所……。それらがあいまって、「五箇条《ごかじょう》の御誓文《ごせいもん》」以来の「万機公論《ばんきこうろん》に決すべし」という、わが国の議会政治が、いま根底から破壊されはじめているような気がします。

安倍さんの殉難から約一年後、近代史家の筒井清忠さんは、「メディアが生んだテロ」という論考を発表されています。筒井さんは、「社会の大衆化が進んだ大正時代以降には、何らかの形で内面的に行き詰った個人が、メディアのつくりだす雰囲気にのまれるように、社会的正義を名目に影響力ある人物を襲撃するテロが幾度となく起きている」とし、「典型的なのは、大正十年に、当時の原敬首相が刺殺された事件である」と書いています。

そして、筒井さんは、「（犯人を）事件へと駆り立てたのは、個人的な不遇に起因する自己承認欲求」であったとしつつ、こう結論付けています。

「つまり、原敬暗殺事件とは、政治家が連日のようにマスメディアの攻撃対象になっていたことが、一つの主要な要因となったという意味で、マスメディアの影響力が決定的に大きくなった大衆社会ならではのテロだったのである」（筒井清忠「メディアが生んだテロ」・『産経新聞』令和五年七月二日）

また、これも安倍さんの殉難から約一年後ですが、東京大学名誉教授の平川祐弘さんは、大東亜戦争終戦時の首相・鈴木貫太郎の『自伝』のなかから、鈴木が「五・一五事件」と四年後の「二・二六事件」の関係について述べている次の一文を紹介されています。

「いかなる理由があるにしても、あの暴徒を愛国者と認め、しかも一国の宰相を暗殺した者に対して、減刑の処分をして、一人も死刑に処せらるる者がなかったという事は、いかにも国家の綱紀から見て許すべからざる失態であったと思う。（中略）それが緩やかであったためついに二・二六事件を惹起した」

そして、その鈴木の言葉を受けて、平川さんは、安倍さんの殉難について、こう書いています。「一部マスコミは暗殺犯に対し、世間の同情心を煽るだろうが、日本は法治国家である。政治に明るい人は、この種の犯罪者は極刑に処すことで、事件の再発を防ぐ一助にすべきであろう」(平川祐弘「宰相の暗殺に国家の綱紀示せ」・『産経新聞』令和五年九月二十一日)

メディアと司法界の猛省を促したいところです。ちなみに、先の令和元年の参議院選挙のさい、札幌で安倍さんの演説妨害を行いながら、排除されると、逆に北海道に損害賠償の訴えを起こした男女に対して、令和五年六月二十二日、札幌高等裁判所は、男性の損害賠償の請求を取り消していますが、女性については、北海道の控訴を棄却しています。

安倍さんの殉難……、私のいう「西大寺事件」で、もちろん、いちばん厳しく処罰されるべきは、殺人犯です。ただし、その背後にあるメディア、警察、裁判所などの問題を指弾することも、忘れてはならないでしょう。

まずメディアについて言えば、「西大寺事件」のあとの報道姿勢にも、問題を感じます。世間の耳目を、「旧統一教会」にばかり集めさせようとしてきた感があるからです。

「旧統一教会」の問題については、すでに私は、私なりの見解を発表しています(「令和の『宗門改』行く着く先は暗黒」〔『正論』令和四年十一月号〕、『新編　いいかげんにしろ日教組』下巻・『まだ懲りないか日教組』第一章の「付節　不朽の人、安倍晋三」)。それらのなかでも、一度、引用したのですが、私は、その問題については、乾正人氏の指摘に、たいへん示唆を受けるところがありました。

乾氏は、「〝（日本は）韓国への贖罪のため徹底的に貢がなければならぬ〟という怨念を抱いていた教祖・文鮮明を、少なからぬ日本人が、なぜ崇拝してしまったか」と問いつつ、次のような指摘をしているのです。

「元信者の一人は、子供のころから家で朝日新聞を読み、学校では日教組の先生から『日本は戦前悪いことばかりをした』と教えられた。だから教会の教えも素直に信じた、という。旧統一教会問題の淵源は、戦後の自虐史観にあるのではないか」（『産経新聞』令和四年九月十三日）

その後、令和五年十月十三日、文化庁は、旧統一教会に対する解散命令の請求を東京地裁に出しましたが、そのことについても、私には、一抹の危惧があります。はじめのころ岸田文雄総理は、解散命令の要件となる法令違反は、刑事事件を指すと表明していたのに、なぜか一転して、民法の法令違反も入り得る……という解釈に変更しているのです。

オールド・メディアに迎合した解釈変更としか思えません。「政権浮揚のため解散請求ありきという姿勢」（「産経抄」・『産経新聞』令和五年十月十四日）と書かれてもしかたがなく、また、「今後、時の政権の都合でいくらでも解釈変更し、適用範囲を広げられるという前例となったのではないかとの懸念」（同前）もあります。

さらに問題なのは、そのような総理の解釈変更によって、結果的に〝殺人犯の目的〟が達成されそうになっている……ということです。元海上保安官の一色正春さんは、「この国では、元首相を殺せば願いが叶うらしい」と、「X（旧・ツイッター）」に皮肉を書いていますが、「テロに甘い風潮はさらなるテロを招く」（同前）ということは、先の鈴木貫太郎の言葉からも、明らかでしょう。

ですから、私たちは「西大寺事件」に関して、「旧統一教会」の問題ばかりに耳目を奪われてはならないのです。私たちは、あらためて冷静、かつ客観的に事件そのものを正面から見つめ、その事件の背景となったものとは何であったか……ということを、徹底的に検証しなければなりません。

また、その検証にもとづいて、責任者は徹底的に追及されなければならないでしょう。もちろん、その検証と追及の過程は、できるだけ詳細、かつ早急に、国民に公開されるべきです。

そして、いうまでもないことですが、「西大寺事件」のさいの杜撰《ずさん》な警備体制の問題も、また徹底的に検証されなければならず、その責任者の責任も、徹底的に追及されなければなりません。さらに、メディア、警察、裁判所などの問題をふくめ、広い観点から、政府は入念な再発防止策を策定し、その種の犯罪に対する防止策を、国民にも広く理解してもらえるよう、周知徹底していく必要があります。

わが国の自由と独立と平和を守るため……、二度と、あのような惨劇が起こらないようにするため……、私たちは、事件を風化させることなく、今後も最善を尽くしていかなければなりません。そうしなければ、「五箇条の御誓文」以来の「万機公論に決すべし」の、わが国の近代的な議会政治が、根底から崩壊してしまうでしょう。

七 「逝《ゆ》きし不朽《ふきゅう》の　人ぞ偲ばる」――志を継ぐ者とは……

ごく親しい方々にだけお送りする令和五年の年賀状に、私は、こういう拙詠を記しました。

故・安倍晋三元総理の四十九日も明けしころ
風立ちて　夏の終はりの　木々鳴らば
逝《ゆ》きし不朽の　人ぞ偲《しの》ばる

「不朽の人」というのは、松陰と高杉晋作の手紙のやり取りを踏まえた言葉です。松陰の刑死の年……、安政六年の七月、江戸の獄中の松陰に、高杉晋作が、こういう質問をしています。「男らしい男として、どういう時に死んだらいいのですか」……。すると松陰は、こう答えました。

「死して不朽《ふきゅう》の見込みあらば、いつでも死ぬべし。生きて大業《たいぎょう》の見込みあらば、いつでも生くべし」（高杉晋作に宛てた安政六年七月中旬の松陰の手紙）

意味は、こうです。「死んで自分が〝不滅の存在〟になる見込みがあるのなら、いつでも死ぬ道を選ぶべきです。また、生きて自分が〝国家の大業〟をやりとげることができる……という見込みがあるのなら、いつでも生きる道を選ぶべきです」。

また、松陰は、安政六年の十月、刑死の直前の手紙で、残る人々に向かって、こう書き残しています。

「我を哀しむは、我を知るに如《し》かず。我を知るは、吾が志を張りて、之《これ》を大にするに如かざるなり」

（安政六年十月二十日ごろの「諸友に語《つ》ぐる書」）

意味は、こうです。「私の死を悲しんでくれるより、私という人間をよく知ってくれる方がよい。そして、私という人間をよく知ってくれるよりも、私の志を受け継いで、それを広め、大きなものにしてくれる方が、もっとよい」。

安倍さんは、たぶん、もう「不朽」の人……、つまり「不滅の存在」になられたのでしょう。そして、その死を惜しむ人たちのなすべきことは、哀しみに暮れることではなく、その「志を受け継いで、それを広め、大きなものに」すること……ではないか、と思います。

おわりに

令和三年七月、かつて在学中、私の自由参加の勉強会に参加していた男子学生からメールが届きました。国会の安倍事務所のインターンにしてもらい、安倍さんにご挨拶することができた……という報告でした。そもそも安倍事務所は、めったに学生のインターンをとらない事務所であったそうです。ですから、インターンにしてもらった男子学生は、よほど嬉しかったようで、それで、わざわざ私にメールをしてきたのでしょう。

その学生は、自己紹介の時、「皇學館、松浦ゼミ出身」と言ったそうです。すると安倍さんは、「君、皇學館なの！　松浦先生か！」と笑顔でおっしゃり、そのあと、「松浦先生によろしく」と、おっしゃったそうです。

それから一年後の令和四年七月、今度は別の教え子の女子学生から、メールが届きました。彼女はそのころ、ある自民党の衆議院議員の秘書をしていて、そのため、安倍さんをお見かけする機会は、よくあったそうなのですが、これまでは、畏れおおくて、なかなか声をかけることはできなかったそうです。

けれども、「ぜひ私は、あの時のことを一言、お伝えしたい」と、かねてから私に言っていました。「あの時のこと」とは、平成二十八年六月三十日、安倍さんが皇學館大学におこしになり、学生食堂で学生たちと昼食をともにしていただいた時のことです。「あの時、安倍さんの目の前に座っていた学生は私です」ということを、どうしても安倍さんにお伝えしたい……と、彼女は言っていたのです。彼女は「あの時」、安倍さんに「ブラックサンダー」という駄菓子を渡した女子学生です。

私は、「機会があれば、遠慮せずに言ってみたら……、きっと安倍さんなら、喜んでくれるんじゃないかな……」と、伝えていました。そして、とうとうその機会がきて、「お伝えすることができました」というメールが届いたのです。

その卒業生が、安倍さんに、かねてから伝えたかったそのことを言うと、「すばらしい！」と言って、一緒に写真を撮ってくださったそうです。写真を撮る時も「マスク（とらなくて）いいの？」と気をつかってくださる……というやさしさで、そのメールには、笑顔の安倍さんと、その教え子の写真が添付されていました。

「ああ……、安倍さん、お元気そうで何より」と思っていたのですが、そのメールが届いたのは、七月六日……。西大寺での事件の二日前のことでした。

それから一年半ほどの歳月が経過します。私は今、あらためて松陰が江戸に護送される直前まで、熱心に編纂をつづけていた詩歌集のことを想起します。

安政二年……、松陰は亡き門人、金子重之輔《かねこしげのすけ》のために『冤魂慰草《えんこんいそう》』という詩歌集の編纂をはじめていました。松陰にしては珍しく、長い歳月をかけて手を入れていたのですが、いよいよ江戸に護送されるという時になって、松陰は、はじめて「これでよし」という気持ちになり、それを完成させたのです。

「冤」という漢字には「ぬれぎぬ」という意味がありますから、『冤魂慰草』という書名は、およそこういう意味になるでしょう。「ぬれぎぬを着せられ、無念の思いで、あの世に逝った友の魂を、慰めるための詩歌集」。


思えば安倍さんは、生前は「モリ・カケ・サクラ」などで、死後は「旧統一教会問題」などで、自身とは直接関係のないことばかりで「ぬれぎぬ」を、着せられつづけてきましたし、そして今もなお、ナンダカンダと言って、「ぬれぎぬ」を着せつづけている「人面獣心」の人が少なくありません。特に国葬儀の時は、その前もそれが終わったあとも、ほとんどのオールド・メディアと、一部の野党政治家や反日活動家らは、心ある日本人なら聞くにたえないような、品のないネガティブ・キャンペーンをくりかえしていました。

そのためでしょうか……、本書の「はじめに」で書いたとおり、今も奈良県の暗殺現場には、事件を記憶するためのモニュメントは、何も設置されていません。安倍さんの暗殺事件は、後世「西大寺事件」と呼ばれることになるかもしれないほどの歴史的事件だ……と、私は思っているのですが、事件現場に「目印」を設置することにさえ反対する人々の神経が、私にはわかりません。

人というものは、あまりにも目の前で、ものを突きつけられると、それが何なのか、わからなくなるものですが、ものを少し離して見ると、それが何かわかります。少し離して見ること……。それが〝歴史的な視点〟というものでしょう。モニュメントを建設しない……と決めた人々には、たぶん〝歴史的な視点〟がないのでしょう。

ともあれ、安倍さんは、そのような大事件の被害者であるにもかかわらず、今の日本では、そのような非情な仕打ちがつづいています。私には、総じて〝日本人の所業〟とは、とても思えません。

事件から一年半以上経ったいまも、事件の裁判さえはじまっていません。日本の警察は……司法は……報道は、どうにかなってしまったのでしょうか。

そして考えます。安倍さんの「冤魂」は、はたして、もう「慰め」られているのであろうか……と。さらに考えます。わが国の八百万《やおよろず》の神々は、以上のような、〝日本人の所業〟とは思えないようなことばかりくりかえしている今の日本人を、どうご覧になっているのであろうか……と。

そういえば、令和四年九月二十九日、国葬儀が、まさに行われているその時間、かつて崇徳《すとく》上皇《じょうこう》が無念のまま崩御された香川県で、不思議な出来事が起こっています。午後〇時十五分過ぎ、神谷《かんだに》神社の、国宝に指定されている本殿に雷が落ち、本殿が燃え、四時間ほど経った午後四時半に、ようやく火が消し止められているのです。宮司によれば、「今まで八百年以上、火災にあったことがなく、消火設備も十分に備えていたにもかかわらず、落雷で貴重な本殿が燃えてしまった……」とのことです。

もちろん偶然の出来事でしょう。しかし、日本に真の意味で身命を捧げた方を、今の日本は、ありえないほど非礼に扱っています。なにやら私には、いまの日本人に対する「神々の怒り」のようなものが感じられてなりません。C・G・ユングのいう「シンクロニシティ」というのは、もしかしたら、そういう現象をいうのでしょうか。

現在……、わが国には、内にも外にも、かつてない危機が迫っています。そのような国家的な危機にさいして、よりにもよって私たちは、もっとも頼りになる大政治家、安倍さんを失ってしまったのです。

はたして私たち日本国民は、いまの危機を、かつての幕末の志士たちのように、正しく乗り越えていけるでしょうか。いろいろと考えると、時に、絶望的な気分にもなります。

しかし、私どもには、いまの日本に生きる者の一人としての責務があります。どのような困難にも屈することなく、いかなる危機も乗り越えていくことが、私たち一人ひとりに求められています。

そして私たちは、それにとどまることなく、わが国を、ふたたび高貴な国として興隆させていかなければなりません。そうしなければ、近くは安倍さんの御霊に対しても、遠くは建国以来、祖国を守ってきてくださった先人たちの御霊に対しても、まことに申しわけなく、恥ずかしいことではないか、と思います。

思い出してみましょう。松陰が「武蔵の野辺」で散華《さんげ》したあと、門人たちは、どう生きたでしょうか。いうまでもなく、わが身に松陰の「留魂」を宿し、次々と散華していきながらも、残った者たちが〝あるべき日本〟を実現するため、なおも〝前へ〟と、歩みを進めつづけたのです。そして、わが国は、ついに明治維新という大業《たいぎょう》を成就させました。

ですから私たちは、まずは、それぞれ自分の道で、〝あるべき日本〟を実現するため、〝前へ〟と歩みを進めていくべきでしょう。およばずながら私も、心ある方々とともに、〝前へ〟と、歩みを進めてまいりたい……と、思っています。

第二章

安倍晋三さんと『留魂録』

吉田松陰の墓に手を合わせる安倍総理
（平成 25 年 8 月 13 日／時事通信社提供）

はじめに――安倍さんと「松陰先生」

これから「不朽の人、安倍晋三の志を継ぐために――吉田松陰を師と仰いだ同志を偲んで」というテーマで、お話をさせていただきます。

いうまでもなく故・安倍晋三元総理は、令和四年七月八日、奈良県の大和西大寺駅前で参議院選の応援演説中、背後から近づいてきた卑怯・卑劣な殺人犯の手によって、公務中、殉難《じゅんなん》されました。それから、ほぼ一年が経過します。

ここにお集まりの皆さんは、皆、故・安倍元総理の「日本を取り戻す」という志を、「吾こそが継ぐ者とならん」と、心に誓っていらっしゃる方々ばかりでしょうし、具体的には、安倍元総理が悲願とされた憲法改正を、「吾こそが成しとげる者とならん」と心に誓っていらっしゃる方々ばかりであろう……と思います。しかし、その志や悲願を実現するためにも、まずは故・安倍元総理が終生、尊敬してやまなかった吉田松陰先生の学問・思想、そして、その生涯と行動について、学んでおく必要があるかと思います。

ちなみに、歴史学の世界では、特に「先生」と敬称をつけなくても、別に敬意をあらわしていない……ということにはなりません。けれども、ここでは安倍総理にならって、私も「松陰先生」で通したい、と思います。

一　『留魂録』――「四時の循環」と「後来《こうらい》の種子」

　さて、安倍さんの志したもの……といっても、それは、憲法改正をはじめとして、外交、防衛、経済、教育、また拉致問題など、その範囲は広く、今後も、それらのすべての政策が、わが国の政治上の重要課題でありつづけるはずです。

　ただし、今回、私がお話しさせていただくのは、安倍さんの、それらすべての政策の根幹にあるもの……、つまり「心」とか「魂」とか……、そういうところに関わるお話です。そして、それは同時に、皆さまにとっても私にとっても、ひいては日本人すべての人生観、死生観にも、深くかかわってくるものではないか……と思います。

　本日はその点について、なるべく簡略に、そして私の個人的な見解は極力おさえ、できるだけ、松陰先生が書き残された文章そのものの内容を、ご紹介したいと思います。そして、そのことを通じて、安倍さんの「心」や「魂」についても考えてまいりたい、と思います。

　安倍さんの葬儀が行われたのは、令和四年七月十二日のことです。その時、昭恵夫人は、こういうご挨拶をされています。

「十歳には十歳の春夏秋冬があり、二十歳には二十歳の春夏秋冬、五十歳には五十歳の春夏秋冬があります。父、晋太郎さんは首相目前に倒れたが、六十七歳の春夏秋冬があったと思う。主人も政治家としてやり残したことはたくさんあったと思うが、本人なりの春夏秋冬を過ごして、最後の冬を迎えた。種をいっぱいまいているので、それが芽吹くことでしょう」（令和四年七月十二日・昭恵夫人のお言葉／阿比留瑠比「芽吹くか安倍氏『後来の種子』」・『産経新聞』令和四年七月十四日）

これは松陰先生の『留魂録』の一節を、踏まえたお言葉です。そもそも、安倍さんご自身が、父・晋太郎先生の追悼文で、その『留魂録』の一節を引用されたのですが、それを今度は昭恵夫人が、みずからの夫の追悼文で引用されたわけです。

安倍さん自身が、そのことについて書いている貴重な文章があります。『月刊　松下村塾』という雑誌の「応援メッセージ」に、「幹事長代理」のころの安倍さんが、次のような一文を寄せているのです。

「『今日死を決するの安心《あんじん》は四時（四季）の順環（循環）に於て得る所有り』

皆様から、誠実で温か味があり、首相間違いなしといわれた政治家だっただけに惜しまれての父の死でありました。私は父晋太郎の葬儀の場で、松陰先生の『留魂録』にある〝四時の順環〟の言葉を引用して送りの言葉としました。

松陰先生は人の生涯を穀物の四時（四季）に例え、春夏秋冬の季節が巡って終えるように、生涯というものも一つの四季の循環を終えるようなものだとしています。穀物でいうなら、春には種をまき、芽が出て、夏に伸び盛り、秋には実り、冬に枯れ果てるように、人それぞれの生涯にも成長と実りがあると……。

人の寿命には定まりはありませんが、何歳で死んだとしても、その生涯にはおのずと四季があるのだという悟りにたっています。例えば十歳にして死んだ人には、十歳の中に自らの四季があり、三十歳や五十歳、また百歳にもそれぞれにその中に自らの四季があるということです。

六十七歳で亡くなった父には、六十七歳の中に自らの四季があったように思います。安倍晋太郎の死は、首相を目前の志半ばで惜しいというものではありません。政治家として、また一個人としても安倍晋太郎の生涯を全うしたのだと考えています。結果としてどのようなものを遺せたのかは父自身では知ることはできませんが、一番近くにいた自分が志を見て、受け継いで、またそれを伝えていくことで、安倍晋太郎の生涯は喜べる生涯だったのではないでしょうか……。

私自身、吉田松陰先生の教えや考え方に共感する部分が多々あり、皆様の中にもまた同じように感銘を受けたり、共感を抱かれる方もいらっしゃるのではないでしょうか？　そして新しい価値観の創出が求められている今の時代だからこそ、吉田松陰先生の『松下村塾』が新鮮に感じます」（『月刊　松下村塾』通巻第一号・平成十六年十月二十七日）

「六十七歳で亡くなった父には、六十七歳の中に自らの四季があったように思います」という一文は、いま読むと、同じく六十七歳で亡くなった安倍さんご本人の生涯が思われ、胸が痛みます。しかし、安倍さんは、「安倍晋太郎の死は、首相を目前の志半ばで惜しいというものではありません。政治家として、また一個人としても安倍晋太郎の生涯を全うしたのだと考えています」とも書いています。とすれば……、私たちも「安倍さんも、安倍晋三の生涯を全うしたのだ」と考えるべきなのでしょう。なかなか……、そう思い切ることは、むずかしいことですが……。

いずれにしても、安倍さんにとっては大切な父を亡くした時、昭恵夫人にとっては、大切な夫を亡くした時、いずれも心の支えとなったのは、松陰先生の『留魂録』であったわけです。それでは、その『留魂録』とは、いったいどのような本なのでしょうか。

『留魂録』は、松陰先生が、安政六年十月二十七日、処刑の前日に書き上げた「遺著」です。一字も破損されることなく、奇跡的に原本が残っていて、現在、萩の松陰神社に保存されています。『留魂録』を書き上げた翌日、先生は、数え年三十歳、満年齢では二十九歳で、「武蔵《むさし》の野辺《のべ》」に散ってゆかれました。先生のご遺体を葬ったお墓は、東京の松陰神社にありますので、皆さま、ぜひご参拝ください。

さて……、昭恵夫人のお言葉に該当する『留魂録』の文章は、一般に「第八条」といわれている部分で、そこに「後来《こうらい》の種子」という言葉もあらわれています。人生を、春・夏・秋・冬の「四時」……、つまり四季の循環になぞらえて解釈した部分ですが、その「第八条」を、私の現代語訳で、少し長くなりますが、読んでみたいと思います（以下、引用する「史料」の現代語訳は、松浦が行ったものです)。

「今、私は死を前にしても、おだやかで安らかな気持ちでいます。それは、たぶん春・夏・秋・冬という四季の循環について考えて、こういうことを悟ったからです。

皆さんもよく知っている稲のことを、思い出してみてください。稲は、春に種をまき、夏に苗を植え、秋に刈り取り、冬には収穫を蓄えます。

秋になり冬になると、人々は、その年の一年の仕事が実を結んだことを歓び、酒や甘酒をつくり、村も野も、歓びの声でみちあふれます。いまだかつて、収穫の時をむかえていながら、そのことを歓ばず、その年の仕事が終わることの方を悲しんでいる人がいた……などという話は、聞いたことがありません。

私は今、三十歳です。何一つ成功させることができないまま、三十歳で死んでいきます。人から見れば、それは、たとえば稲が、稲穂が出るまえに死んだり、稲穂が実るまえに死んだりすることに、よく似ているかもしれません。そうであれば、それは、たしかに〝惜しいこと〟でしょう。

しかし私自身、私の人生は、これはこれで一つの〝収穫の時〟をむかえたのではないか、と思っています。どうして、その〝収穫の時〟を、悲しむ必要があるでしょう。

そもそも、人の命には〝あらかじめ決まった年数〟などというものはありません。稲は、かならず四季をへて実りますが、そもそも人の命とは、そのようなものではないのです。

人というのは、十歳で死んでいく人には、その十歳のなかに、春・夏・秋・冬の四季があります。二十歳で死んでいく人には、その二十歳のなかに、春・夏・秋・冬の四季があります。三十歳で死んでいく人には、その三十歳のなかに、春・夏・秋・冬の四季があります。五十歳で死んでいく人には、その五十歳のなかに春・夏・秋・冬の四季があり、百歳で死んでいく人には、その百歳のなかに、また……春・夏・秋・冬の四季があるのです。

十歳で死んでいく人を見て、『あまりにも短い』と考えるのは、もともと命の短い夏の蝉を、もともと長寿の椿の霊木と比べるような、愚かなことではないでしょうか。それと同じことで、百歳まで生きる人を見て、『あまりにも長い』と考えるのは、もともと長寿の椿の霊木を、もともと命の短い夏の蝉と比べるようなものです。どちらの考えも、〝天寿〟ということが、わかっていない考え……といえるでしょう。

私は、すでに三十歳になります。稲にたとえれば、もう稲穂も出て、実も結んでいます。その実が、じつはカラばかりで中身のないものなのか……、あるいは、りっぱな中身がつまったものなのか……、それは、本人である私にはわかりません。

けれども、もしも同志の人々のなかで、私のささやかな誠の心を〝あわれ〟と思う人がいて、私の誠の心を〝私が受け継ごう〟と思ってくれる人がいてくれたら、幸いです。それは、たとえば一粒の米が、次の春の種モミになるようなものでしょう。

もしも、そうなれば、私の人生は、カラばかりで中身のないものではなくて、春・夏・秋・冬をへて、りっぱに中身がつまった種モミであった、ということになります。同志のみなさん、どうか、そこのところを、よく考えてみてください」

以上です。ほんとうは原文で味わっていただきたいのですが、ほとんどの現代人は、わずか百数十年前、同じ日本人が書いた文章が、もう読めなくなっています。私は、そこに戦後の教育の大きな問題の一つがある……と思っていますが、そのことについては、ここで深入りすることはやめます。

なお、原文は、次のとおりです。ぜひとも、原文の迫力を味わっていただきたいと思います。

【原文】

一、今日死ヲ決スルノ安心《あんじん》ハ、四時ノ順環ニ於テ得ル所アリ。蓋《けだ》シ彼《かの》禾稼《かか》ヲ見ルニ、春種シ、夏苗シ、秋苅《かり》、冬藏ス。秋冬ニ至レバ、人皆其歳功《そのさいこう》ノ成ルヲ悦ビ、酒ヲ造リ醴《れい》ヲ為《つく》リ、村野歓声アリ。未ダ曾《かつ》テ西成《せいせい》ニ臨テ、歳功ノ終ルヲ哀シムモノヲ聞カズ。吾行年《こうねん》三十。一事成ルコトナクシテ死シテ、禾稼ノ未ダ秀デズ、実ラザルニ似タレバ、惜シムベキニ似タリ。然《しかれ》ドモ義《ぎ》卿《けい》ノ身ヲ以テ云ヘバ、是亦秀実《これまたしゅうじつ》ノ時ナリ。何ゾ必《かならず》シモ哀シマン。何トナレバ、人壽《じんじゅ》ハ定リナシ。禾稼ノ必ズ四時ヲ經ル如キニ非ズ。十歳ニシテ死スル者ハ、十歳中自《おのずか》ラ四時アリ。二十ハ、自ラ二十ノ四時アリ。三十ハ自ラ三十ノ四時アリ。五十、百ハ、自ラ五十、百ノ四時アリ。十歳ヲ以テ短トスルハ、蟪蛄《けいこ》ヲシテ靈椿《れいちん》タラシメント欲スルナリ。百歳ヲ以テ長シトスルハ、靈椿ヲシテ蟪蛄タラシメント欲スルナリ。斉《ひと》シク命ニ達セズトス。義卿三十、四時已備《すでにそなわる》、亦《また》秀亦実《ひいでまたみのる》、其秕《しいな》タルト其粟《ぞく》タルト、吾ガ知ル所ニ非ズ。若シ同志ノ士、其微衷《びちゅう》ヲ憐ミ継紹《けいしょう》ノ人アラバ、乃チ後来ノ種子未ダ絶ヘズ、自ラ禾稼ノ有年ニ恥ザルナリ。同志其是ヲ考思セヨ。

ここにご紹介した『留魂録』の「第八条」は、松陰先生が残された膨大な量の文章のなかでも、最高級の名文です。それだけではなく、この一文は、建国以来の、わが国の思想史上においても最高級のもの……と、私は思っています。

人間とは、〝自分の死〟を、これほどまでに静かに、美しい心で迎えることができるものか……と思わせられる一文です。しかも、明日にも処刑される……という、そのような〝極限状態〟にありながら、その一文には、どことなく不思議な明るさと、透明感が漂っています。「安心立命《あんしんりつめい》の境地」というのは、そのような境地のことをいうのかもしれません。

松陰先生は、ここで、自分の〝人生〟を、〝一粒の種モミ〟にたとえています。〝私は死んでも、私の志を継ぐ者があらわれれば、それは私が、立派な「種モミ（原文・「後来の種子」）」であった……ということであろう〟という一文です。

時代も場所も、まったくちがいますが、その言葉と、きわめて近いことを言っているのが、イエス・キリストです。新約聖書の『福音書』には、次のようなイエスの言葉が記録されています。

「一粒の麦は、地に落ちて死なねば、いつまでもただの一粒である。しかし死ねば、多くの実を結ぶ。だからわたしは命をすてる。この世の命をかわいがる者は永遠の命を失い、この世で命を憎む者は、命を守って永遠の命にはいるであろう」（塚本虎二訳『新約聖書　福音書』ヨハネ・12／24―25）

さらにイエスは、「種まく人」が、種まきに出かけた時、ある種は「道ばたに」落ちて鳥に食われ、ある種は「岩地」に落ちて枯れ、ある種は「荊《いばら》の根が張っている中」に落ちて実らなかったが、「良い地」に落ちた種は「伸びて育ってみのって、三十倍、六十倍、百倍の実がなった」という例え話もしています。「良い地にまかれたもの」とは、「御言葉を聞いて受け入れ、三十倍、六十倍、百倍の実を結ぶ人たち」のことだそうです（同前『福音書』マルコ・4／3―20）。

奥の深い言葉ですが、ここでイエスが言っていることと、松陰先生が書いていることは、ほぼ同じです。場所も時間も問わず、抜きん出て高い精神の境地に到達した人物の言葉は、やはり、どこか共通するところがあります。

ちなみに、イエスは、こういうことも言っています。これは、松陰先生を理解する上だけではなく、わが国の歴史上の、志士や英霊と呼ばれる方々のことを理解する上でも、私たちが忘れてはならない言葉でしょう。

「わたしはあなた達のために命を捨てる。友人のために命を捨てる以上の愛はないのだ」（同前・ヨハネ・15／13）

つまり、松陰先生をはじめとして、幕末から大東亜《だいとうあ》戦争《せんそう》にかけて散華した志士たちや英霊たちは、じつは〝それ以上のものはない〟というほどの「愛」に満ちた方々であった、ということになります。問題は、〝それでは、今を生きる私たち自身は、はたしてどうか……〟ということです。私たちは、そのような祖国の先人たちの、高い志を受け継いで生きている「稲」といえるでしょうか？　また、私たちは、いま「中身がつまった種モミ」のような人生を送っているでしょうか？さらにいえば、私たちは、いま先人たちのような「愛」に満ちているでしょうか？　それらのことを考えていくと、おたがい反省すべきところが、少なくないと思います。

それでは……、満年齢では二十歳代という若さでありながら、「安心立命の境地」で「武蔵の野辺」に散っていった松陰先生の「死生観」とは……、どのようにして、かたちづくられたのでしょうか。少し時間を戻して、二十七歳の時の、「七生説《しちしょうせつ》」という文章を読んでいきたい、と思います。

二　「七生説」――「七生のみならず、初めより未だ嘗《かつ》て死せざるなり」

松陰先生は、安政三年四月、二十七歳の時に、「七生説」という一文を書いています。処刑される三年前です。

これは、楠木正成……楠公《なんこう》の残した「七生報国《しちしょうほうこく》」という思想……、『太平記』の原文にもとづけば「七生滅敵《しちしょうめってき》」ということになりますが、そのような楠公の思想をもとにしつつ、松陰先生が「人生」について、深い思索をめぐらしたものです。これも、数多い松陰先生の文章のなかでも、とくに優れたものの一つで、それのみならず幕末の志士の人生観や死生観、ひいては日本人の人生観や死生観が、きわめて簡潔明瞭に〝結晶化〟している日本思想史上の名文……と、私は思っています。

それほど長い文章ではありません。しかし、時間もありませんので、今日は全文ではなく、その概要を読んでいきたいと思います。

「はてしなく広がる宇宙には、一つの〝理〟がつらぬかれていて、それによって、この世があります。はるかな先祖から私たちにいたるまでつながっている生命には、一つの〝気〟がつらぬかれていて、それによって人の生命があります。

人というのは、その〝理〟を自分の心にし、その〝気〟を自分の体にして、この世に生まれているのです。したがって、体は〝私〟のもので、心は〝公〟のもの……といえるでしょう。世のなかを見てみると、〝公〟のために〝私〟を利用する者もいますが、その一方、〝私〟のために〝公〟を使用する者もいます。前者は、『大人』というべき立派な人物ですが、後者は、『小人』というべき下劣な人物です。

およそ人というのは、そのようにして成り立っているものなのですから、下劣な人物は、体が消滅して〝気〟が消えると、腐りはて、崩れはててしまい、もう二度と、もとに戻ることはありません。その一方、立派な人物は、心が〝理〟とつながっていますから、体が消えて〝気〟が消えたとしても、その人物のうちにある〝理〟は、時間も空間も超えて残り、これまで一度も消え

たことがありません。（中略）

このように考えていくと、こういうことが言えるでしょう。楠公とその弟・正季《まさすえ》の兄弟の魂は、ただ七回生まれ変わる……というくらいのもので終わるはずがない……と。じつは、その人々は、いままで一度も死んでいない、とさえいえるのではないでしょうか（原文・「楠公兄弟は、徒《ただ》に七生のみならず、初めより未だ嘗《かつ》て死せざるなり」）。

どうしてそう言えるのか。私の考えるところを言っておきましょう。

まず、湊川の合戦のあと、忠義で孝行で、節操があって、正義の心があると言う人で、楠公の生き方を見て、奮い立たない者などいない、という現実があります。これは、つまり楠公のあとに、また楠公が生まれ、さらにまた……というぐあいに、ずっと〝生まれかわり〟がつづいている、ということではないでしょうか。

そう考えると、楠公が、また楠公に〝生まれかわる〟回数は、もう数え切れないほどになっているでしょう。ですから、そもそもそれが、たった七回くらいで終わるはずがありません（原文・「楠公の後、復《ま》た楠公を生ずる者、固《もと》より計り数ふべからざるなり。何ぞ独《ひと》り七たびのみならんや」）。（中略）

私は、つまらない人間ですが、聖人とか賢人とか呼ばれる立派な人々と同じ心で、忠義と孝行を実践して、生きていきたいと思っています。現実的には、わが国を盛大な国にして、海外から日本を侵略しようとやってくる白人諸国を撃退したい、という理想をもっています。

そのような理想をもちなさい……と、誰から頼まれたわけでもありません。自分で勝手に〝それが自分の使命である〟と考えて生きてきました。しかし、一度目の行動は失敗し、二度目の行動も失敗し……というぐあいで、結果的には、忠義と孝行どころか、その逆の不忠と不孝の人になってしまいました。この点、世間の人々に対して、私は、あわせる顔もありません。

しかしながら、すでに私は、楠公たちと同じ〝理〟を、自分の心にしています。そうであるのに、どうして、私の〝気〟が体にしたがって、やがて腐りはて、崩れはてる……ということで、すべてが終わってしまうでしょうか。

私は、私のあとにつづく人々が、私の生き方を見て、必ずふるい立つような、そのような生き方をしてみせるつもりです。そして私の魂が、七たび生まれ変わることができれば、その時、はじめて私は、『それでよし』と思うでしょう。

はたして私に、そのような生き方が可能かどうか……、それは、ひとえに今後の私の生き方しだいです。このような思いを込めて、私は、この『七生説』を書きました」

以上ですが、ここに書かれている松陰先生の思想の要点を、図式化すると、こういうことになります。

宇宙―理（心）
先祖―気（体）
個人
（公→私）…大人（肉体が滅びても「理（心）」が残る）
（私→公）…小人（肉体が滅びるとともに、すべてが滅ぶ）

つまり、「肉体が滅びても、『理（心）』は残る……、その具体例が楠公であり、その存在は、永遠なるものに連続している……。そして、自分のうちには、すでに楠公と同じ「理」が宿っている……、したがって、私の肉体は滅びても、私は永遠なるものと連続して存在しつづける……、そう自分は確信している……ということです。

この「七生説」のなかで、私が注目している部分が二つあります。一つは、**「そのような理想をもちなさい……と、誰から頼まれたわけでもありません。自分で勝手に〝それが自分の使命である〟と考えて生きてきました」**という部分です。

誰から命令されたわけでも、依頼されたわけでもない……、ただ自分は自分の意思で、国を守るために、わが命を捧げるつもりである……といっているのです。これこそが、幕末の志士たちの精神を、もっとも簡略に表現した一文ではないか……と、私は思っています。

もう一つは、**「私は、私のあとにつづく人々が、私の生き方を見て、必ずふるい立つような、そのような生き方をしてみせるつもりです。そして私の魂が、七たび生まれ変わることができれば、その時、はじめて私は、『それでよし』と思うでしょう」**という部分です。この「七生説」を書いた時点で、松陰先生は、のちに維新の英雄として知られる高杉晋作にも、久坂玄瑞にも、まだ出会っていません。

しかし、すでに松陰先生は、**「私は、私のあとにつづく人々が、私の生き方を見て、必ずふるい立つ」**ということを、確信しています。もちろん松陰先生は、「七生説」を書いた三年後に処刑され、高杉晋作や久坂玄瑞などの門下生の大活躍は、そのあとのことになりますので、松陰先生がそれを生きて見ることはなかったわけですが、これを読むと、松陰先生は、自分の死後、かならずそういう現象が起こる……ということを、すでに確信しているようです。

なにも松陰先生に、〝予知能力〟があったわけではないでしょう。けれども、松陰先生がお好きだった言葉でいえば、「至誠」……、つまり「誠の心がきわまった状態」になれば、時に、そのような、一見すると不思議な現象も起きるのではないか、と思います。そして歴史上、現に起こっています。そのことを、不思議と思わない人がいることの方が、私には不思議でなりません。

ちなみに、死の直前の松陰先生の心境を、先ほど私は「高僧のような」と言いました。しかし、たぶん「高僧」なら、「六道輪廻《りくどうりんね》」の輪から脱する「解脱《げだつ》」を願うでしょう。その反対に松陰先生は、仏教でいうと迷いの世界である「人間」の世界に「魂」を「留め」、この世に何度でも生まれ変わって、国を守りたい、と願われています。それこそが、つまり「七生報国」の精神なのでしょう。

三 「成仏」するためには……――品川弥二郎宛ての手紙

それでは、次に松陰先生が、死の半年ほど前に、若い門人の品川弥二郎に送った手紙の一節をご紹介いたします。品川弥二郎は、そもそも、若者ばかりの松下村塾の門人たちのなかでも、もっとも若い部類の門人で、明治維新では大いに活躍し、生き残って明治維新を迎えます。

維新後は、松方内閣の内務大臣などを務めたのち、明治三十三年、五十八歳で没しています。弥二郎が松陰先生から、これからご紹介する手紙をもらったのは、安政六年四月、十七歳の時です。そのころ、たぶん弥二郎は若い志士らしく、「死の覚悟……死の覚悟」などと偉そうなことを言っていたのでしょう。しかし、松陰先生は、そのような弥二郎に対して、疑いの目をもっていました。案の定、「弥二郎には、まだ〝死の覚悟〟など、ほんとうはできていない」と見抜かれていたのです。のじょう……、そのあと弥二郎は、「松陰先生……、じつは私、死ぬのが怖いのです」などと、言ってきたようです。

そこで松陰先生は激怒し、弥二郎に、次の手紙を送るのです。あまりにも興奮したせいか、原文の写真版を見ると、明らかな誤字も見られます。

文章をも推敲しないまま、弥二郎に送ったのでしょう……、言葉が、あちらこちら、ぶつ切りになってもいます。しかし、それでもこの手紙は、恐ろしいほどの迫力をもつ、名文です。

読んでみましょう。

「(前文欠落)あなたは、どのように生き、どのように死んだらいいのか……、〝死生の悟り〟が開けない、と言いました。なんと愚かなことを言うのか……と、私は思います。

そのことについて、これから詳しく、あなたに言っておきましょう。たしかにあなたは、まだ十七歳です。

けれども、十七歳とか、十八歳で死ぬのが、〝まだ惜しい〟というのなら、私のように三十歳で死ぬのも〝まだ惜しい〟ということになります。そして、八十歳になり、九十歳になり、百歳になっても、たぶん〝まだ惜しい〟ということになるでしょう。いつまでたっても、〝もうこれで、じゅうぶん……〟ということにはなりません。

草に住む虫のように、水に住む虫のように、半年の寿命のものもあります。それをあなたは〝短かすぎる〟と言いますか？　松や柏のように数百年の寿命のものもあります。それをあなたは、〝長すぎる〟と言いますか？

天地は、永遠のもの……。それに比べたら、数百年生きる松や柏でさえ、一瞬の間、飛び回っては死んでいくハエのようなものではありませんか。

ただし、それらのすべてに比べ、正義を貫いて西山《せいざん》で餓死した伯夷《はくい》のような人は、そのころの周という王朝の時代も超え、そのあとの漢、唐、宋、明という王朝の時代も超え、今の清という王朝になっても、まだ滅びてはいません。今も、その名は語り継がれています。（中略）

あなたは、いったい何年生きたら気がすむのですか？　生きて、何かを成しとげる見込みでも立っているのですか。言っておきますが、浦島太郎も竹内宿祢《たけのうちのすくね》も、とても長生きしたことで知られている人たちですが、それでも、二人とも、もう死人です。（中略）そのように短い人生なのですから、何か一つでも、腹の虫がおさまるようなことをやって死なないと、人は成仏することなど、できないのではないですか。（中略）

いったい、あなたは今、この世で生きつづけていて、何が楽しいのですか。ほんとうに俗人というのは、あさましいものです。また、恥を知らないものです。

今の世間には、漢籍《かんせき》を引用して、「孔子様は、『志のある士や、愛のある人は、わが身を犠牲にしても、愛を実現する』とおっしゃっている」とか（中略）、そういうことを言って、書物をのせる台を叩きながら、大声を出し、偉そうに講義している儒学の先生たちがいます。その先生たちの言葉には、じつは何も中身はありません。

〝ただウルサイだけ〟です。それが、〝ただウルサイだけ〟ということを知らないまま、『へーぇ』と感心し、そんな学者たちの話を聞いて、一生をすごすような愚か者もいます。あなたも、その一人です」

以上ですが、弥二郎は、獄中にいる松陰と外部の連絡役をするなど、リスクを冒して無償の奉仕をしていた若者で、ふつうの人なら、「いつも、すまないねぇ……」ということになるはずです。しかも弥二郎は、今でいうと、高校生くらいの若者にすぎません。その弥二郎に対して、この言いようです。たぶん弥二郎は、腹が立ったでしょう。

そのせいか、この手紙には、前半部分がありません。もしかしたら弥二郎が切り取って、捨ててしまったのかもしれません。けれども、この部分だけでも保存してくれていたおかげで、今日、私たちは、松陰先生という人の〝すごみ〟を知ることができます。松陰先生は、きわめて情の深い人ですが、一方、時にそのような非情な言動もする方です。

『留魂録』を今日に伝えてくれた野村和作（靖）は、後年、こういうことを言っています。

「先生は、また、ごく人情に篤《あつ》き人であって、人に接するに、いたって温和であったが、その有情のきわみ、無情のことを、あえてするを辞《じ》せなんだ。すなわち、大義のためには、同志を殺し、その身を殺すも平然たるものである」（野村靖「松陰先生の神髄」・『日本及日本人臨時増刊　松陰号』〈政教社・明治四十一年〉）

情に厚いが、情に流されない……。そこが、松陰先生の松陰先生たるゆえんでしょう。松陰先生にとって大切なのは、あくまでも「大義」だったのです。ですから、誰に対しても「ちがう！」と思えば、「ちがう！」と言い切ることができたにちがいありません。

ふつうの者には、なかなかできないことです。けれども、できれば私たちも、そのような勇気を、少しはもちたいものです。

さて……、この手紙を書いてから半年後、松陰先生は、江戸に送られ、投獄されます。やがて死罪を申し渡されるのですが、次に、そのころの松陰先生の言葉を見てみましょう。

四　「不朽」の人たれ――高杉晋作への手紙

安政六年六月、江戸に着いた松陰先生は、七月になると「評定所《ひょうじょうしょ》」……、つまり幕府の裁判所に呼び出されました。そして、取り調べを受けることになります。そのころ江戸には、松陰が期待してやまなかった高杉晋作がいました。ちなみに安倍さんの「晋三」という名前の「晋」の字は、ご存じの通り高杉晋作の「晋」から採られたものです。

晋作は、当時二十一歳……、若い武士らしく、獄中の松陰先生に、「男らしい男として、どういう時に死んだらよいのですか?」というような質問をしたようです。それに対する松陰先生の答えが、また有名なものですので、これも読んでみましょう。

「あなたは私に、こう質問しました。「男らしい男として、どういう時に死んだらいいのでしょうか?」(中略)(それでは、お応えしましょう)世の中では、たとえ生きていたところで、体だけは生きていても心が死んでしまっている……という人がいます。その逆に、体は滅びても魂は生きている……という人もいます。たとえ生きていても、心が死んでしまっていたのでは、意味がありません。その逆に、体は滅びても魂が残るのであれば、死ぬ意味はあるでしょう。

また、それとは別に、こういう生き方もあります。すぐれた能力のある人が、恥を忍んで生きつづけ、立派な事業をなしとげる……ということです。(中略)

ですから、死んで自分が〝不滅の存在〟になる見込みがあるのなら、いつでも死ぬべきです(原文・「死して不朽の見込みあらば、いつでも死ぬべし」)。また、生きて、自分が〝国家の大業〟をやりとげることができる……という見込みがあるのなら、いつでも生きるべきです。

生きるとか死ぬとか……、それは一つの〝かたち〟にすぎないのですから、そのようなことにこだわるべきではありません。今の私は、ただ自分が言うべきことを言う……ということだけを考えています」（安政六年七月中旬の高杉晋作に宛てた松陰の手紙）

以上です。要するに「死ぬことそのもの」「生きることそのもの」は、よいものでも悪いものでもない……、大切なのは、「言うべきことを言うこと」であって、それによって、もしも自分に死が訪れれば、それはそれで、その人は死後も「不朽の人」となるであろう……、しかし、「言うべきことを言わない」で生きつづけても、そのような人生には意味がない……ということではないか、と思います。

そのような松陰先生ですから、「評定所」では、思うぞんぶん……言いたいことを言いました。そしてその結果……、死罪ということになります。

覚悟を定めた松陰先生は、家族、友人、門人たちに、別れの手紙を書きはじめます。次にそのころの松陰先生の言葉を、いくつか、ご紹介しましょう。

五　別れの言葉――「親思ふ　心にまさる　親ごころ」

まずは、刑死の一週間ほど前、父、叔父、兄に宛てた手紙です。これは現在「永訣《えいけつ》の書（注・「永遠のお別れにあたっての手紙）」と呼ばれています。いわば家族への「遺言」です。

そこには、不思議なことに、恐れ、怒り、怨み、悔やみ、悲しみ、憎しみ、呪い……などの負の感情は、まったく見られません。そこに見られるのは、いわば〝究極の達成感〟のようなものから、あふれ出てくる感謝の心だけです。これも読んでみましょう。


「ふだんからの学問が、浅く薄かったため、誠をきわめて、天地を動かすということができず、この度、私は死罪という、ふつうではない死に方をすることになりました。さぞや、お嘆きのこととぞんじます。

今の私の思いを、一首の和歌にしてみました。

親思ふ　心にまさる　親ごころ　けふのおとずれ　何ときくらん
（歌意・「子供には、親のことを大切に思う心がありますが、親が子供のことを大切に思う心は、それよりも、ずっと大きなものです。それなのに私は、いま、このような事態になってしまいました。そのことを、ご両親は、どれほど悲しく思っておられることでしょう」）（中略）

幕府は、正義の言論には、まるで耳をかさず、ましてそれを取り上げる気もありません。そして、邪悪な外国人どもは、思いのままに江戸を歩き回るようになってしまいました。しかし、神国・日本は、まだ地に落ちたわけではありません。上には、神聖な天皇さまがいらっしゃいます。下には、忠や義の魂をもった人々が満ちています。ですから、日本の将来のことについても、あまり悲観的になられないよう、お願いいたします。

くれぐれもお体を大切にされ、どうか長生きしてください。以上、この手紙は、十月二十日に書きました。（中略）なお、申し上げておきますが、大切なのは、人の死を悲しむことではなく、自分がなすべきことをなすことです（原文・「人を哀しまんよりは、自ら勤むること肝要《かんよう》に御座《ござ》候《そうろう》」）

（安政六年十月、父と叔父と兄に宛てた松陰の手紙〔「永訣《えいけつ》の書」〕）

以上ですが、これから自分が処刑されるというのに、残る人々に対して、悲観的になってはいけない……悲しみに暮れてはいけない……、「大切なのは、人の死を悲しむことではなく、自分がなすべきことをなすことです」と、松陰先生は書いています。あらためて原文をあげると、「人を哀しまんよりは、自ら勤むること肝要に御座候」です。

これを読みますと、私は先の大戦で、若くして散華された英霊の遺書が思い起こされます。そして、その心のあり方が、重なって見えてなりません。

また、この一文は、祖国に殉じた「死者」の魂に対して、いまを生きる私たちが、どのような姿勢で臨むべきか……ということも、教えてくれているような気がします。同じころ松陰先生が書いた「諸友に語《つ》ぐる書」にも、こういう一文があります。

これも、名文です。

「私の死を悲しんでくれるより、私という人間をよく知ってくれた方がよい。そして、私という人間をよく知ってくれるよりも、私の志を受け継いで、それを広め、大きなものにしてくれる方が、もっとよい（原文・「我を哀しむは、我を知るに如《し》かず。我を知るは、吾が志を張りて、之を大にするに如ざるなり」）」（安政六年十月、「諸友に語《つ》ぐる書」）

ここにいらっしゃるのは、安倍さんの「〝日本を取り戻す〟という志を、自分も継承しよう」と、決意されている方々ばかりか……と思います。皆さんには、ぜひとも「我を哀しむは、我を知るに如かず。我を知るは、吾が志を張りて、之を大にするに如ざるなり」という一文を、心に刻んでいただければ……と思います。

六　留《とど》め置かまし大和魂

さて、処刑の時は迫ってきます。松陰先生は、同志に宛てて、最後の著作を書きはじめます。それが『留魂録』です。十月二十五日から書きはじめ、書き終わったのが二十六日の夕方……。つまり、ほぼ一日で書いたわけです。そして、その翌日の二十七日、松陰先生は、数え年三十歳、満年齢では二十九歳で、「武蔵の野辺」に散ります。

『留魂録』の中の「四時の説」は、お話の冒頭でご紹介しましたが、『留魂録』は、こういう有名な和歌からはじまっています。

身はたとひ　武蔵の野辺に　朽ちぬとも　留め置かまし　大和魂

（歌意・「たとえ私の身は、武蔵の野辺で朽ちはてようと、私の魂は、永遠にこの世にとどまらせて、祖国・日本を護らせてください」）

ご存じの方も多いでしょう。そして、それから少しあとには、こういうことが書かれています。

「結局のところは、私の力が足りず、何も成しとげることができないまま、今日のような事態にいたりました。それもひとえに、私の人徳や才能がなかったせいです。今さら誰をとがめようという気もありません。また、今さら、誰を恨もうという気もありません」

松陰先生は、「誠をきわめれば、その力によって動かしえないようなものは、この世のなかには一つもない」（原文・「至誠にして動かざるものは、未だ之あらざるなり」）という『孟子』の言葉を信じていました。しかし、結局、「死罪」という判決になります。

しかし、そのことについて松陰先生は、こう考えるのです。〝その『孟子』の言葉がまちがっていたのではない。私の誠の心が、まだまだ足りず、そのため天地を動かすことができなかったのだ〟と……。

ですから、死に臨んでも、恐れ、怒り、怨み、悔やみ、悲しみ、憎しみ、呪い……などの負の感情が、どこにも見られないのでしょう。むしろ、心は清々しさにみちています。

松陰先生は、『留魂録』のなかで、そのあと同志に託したいことを、さまざまに書き、そして最後に、その遺著を五首の和歌で締めくくるのですが、そのうちの一首を、あげておきましょう。

呼びだしの　声まつ外《ほか》に　今の世に　待つべき事の　なかりけるかな

（歌意・「処刑を言い渡すための呼び出しの声が、もうすぐかかるでしょう。その声を待つことのほかに、いまの私には、もはや待つべきことは何もありません」）

すごい歌だと思います。私が若いころから、くりかえし読んでいる小林秀雄さんの講演録の一つに「文学と自分」というものがありますが、その講演録の最後の方で小林さんは、「人間の真の自由というものを歌った吉田松陰の歌」として、この一首をあげています。「人間の真の自由」と、この歌が、どう結びつくのか……、若いころはよくわからなかったのですが、今は、よくわかる気がします。これは、それほどすごい歌です。

松陰先生は、こうして『留魂録』の筆をおきます。『留魂録』が完成した翌日の朝……、松陰が〝待って〟いた処刑を言い渡すための「呼び出しの声」がかかります。すると、それを聞いて、松陰先生は、またしても筆を執ります。懐《ふところ》に入れていた紙に、こう書きつけたのです。

十月二十七日　呼び出しの声をきき　矩方

此程《このほど》に　思ひ定めし　出でたちは　けふきくこそ　嬉しかりける

（歌意・「これまで長いあいだ、ずっと覚悟を定めていた死出の旅……。その旅に〝さあ、どうぞ……〟と呼びだしてくれる声を、今日ようやく聞くことができました。そのことが、私には嬉しくてなりません」）

この一筆も、萩の松陰神社に現物が残っています。おそらく沼崎吉五郎が、野村和作（靖）に渡して、それで今に伝わっているのでしょうが、その現物を見ると、急いで書かれてはいますが、じつに落ち着いた流麗な筆跡で、まずは、そのことに驚かされます。

それと、もう一つ驚かされることがあります。それは現物の「き」の文字のところに、小さな点がつけてある、ということです。つまり、五・七・五・七・七という和歌のかたちからすると、四句目の「けふきくこそ」では、一音足りません。書いたあと、松陰先生はそのことに気づいたのですが、もう手直しする時間がないので、とりあえず、「私は、そのことに気づいたのですが、直している時間がありません」という意味をこめて、そこに小さな点をつけたのでしょう。

何という冷静さでしょう。しかし、その最後につけた小さな点が、松陰先生の最後の筆跡……ということになりました。

七　最期の瞬間――「鑑照《かんしょう》は明神《めいしん》に在り」

松陰先生は、あわただしく評定所に引き立てられて、死罪の判決を受け、そのあと刑場に向かいますが、そのようななかでも、松陰先生の〝思いの発信〟は、まだ終わりません。評定所で判決を受けたあと、大きな声で、『留魂録』のはじめにかかげられている「身はたとひ　武蔵の野辺に　朽ちぬとも　留め置かまし　大和魂」という和歌と、さらに新しくつくった漢詩を、朗々《ろうろう》と吟《ぎん》じられたのです。

その漢詩を聞いた人が、それを書き留めて、今に伝えられています。その漢詩に、もちろんタイトルはありませんが、今は「辞世《じせい》」と呼ばれています。

読んでみましょう。

「私は、これから国のために死にます。死んでも、主君や両親に対して恥ずべきことは、何もありません。もはや私は、この世のあらゆることを、のびのびとした気持ちで受け入れています。今は私の人生のすべてを、ただ神の御照覧《ごしょうらん》にゆだねるだけです（原文・「吾、今、国の為に死す。死して君親《くんしん》に背《そむ》かず。悠悠《ゆうゆう》たり天地の事。鑑照《かんしょう》は明神《めいしん》に在り」）」

松陰先生の〝思いの発信〟は、最後の最後の……ぎりぎりの瞬間まで、つづけられたわけですが、それが、ほんとうの最期になりました。この「辞世」は、わずか漢字二十字のものですが、そこには、松陰という人の人生のすべてが、美しく結晶化しているように思います。

松陰先生の最期の様子については、さまざまな記録が残されています。まず評定所で、判決を受けた時のようすについては、そこに立ち会った長州藩士・小幡高政《おばたたかまさ》（彦七）の談話が残っています。

読んでみましょう。

「奉行などの幕府の役人たちは、正面の上座に並んで座っていました。私は、下の段の右脇の場所に、横向きに座っていました。しばらくして松陰が、潜戸《くぐりど》から護送の役人に導かれて入ってきます。そして、決められた席につき、軽く一礼すると、並んでいる人々を見回したのです。髪や髭が、ボウボウと伸びていました。しかし、眼光は炯炯《けいけい》として、前に見た時とは別人のようでした。その姿には、なんというか……一種の凄《すご》みがありました。

すぐに死罪を申し渡す文書の読み聞かせがあり、そのあと役人が松陰に、『立ちませい！』と告げます。すると、松陰は立ち上がり、私の方を向いて、ほほ笑みながら一礼し、ふたたび潜戸から出て行ったのです。すると……、その直後、朗々と漢詩を吟ずる声が聞こえました。それは、『吾、今、国の為に死す。死して君親に背かず。悠悠たり天地の事。鑑照は明神に在り』という漢詩です。

その時、まだ幕府の役人たちは、席に座っていましたが、厳粛な顔つきで襟を正して聞いていました。私は、まるで胸をえぐられるような思いでした。護送の役人たちも、松陰を止めるのを忘れて、それに聞き入っていました。しかし、漢詩の吟詠が終わると、役人たちは、われに帰り、あわてて松陰を駕籠《かご》に入らせ、急いで伝馬町の獄に向かいました」

そのあと、正午ごろ、一度、伝馬町の獄にもどってから、いよいよ処刑場に向かいます。斬首される時の様子は、八丁堀の同心・吉本平三郎から聞いた話として、依田学海《よだがっかい》（百川《ひゃくせん》）という漢学者の日記に、こう書かれています。

「先ごろ死罪になった吉田虎次郎のふるまいには、みな感動して、泣いていました。奉行から死罪を言い渡されると『かしこまりました』と、ていねいに答えて、ふだん評定所に行く時に介添えしてくれていた役人にも、『長らくお世話になりました』と、やさしく言ったそうです。そして、いよいよ処刑という時になると『鼻をかませてください』と言って、そのあとは心静かに構えて、首を打たれたそうです。そもそも死刑になった者というのは、これまでたくさんいますが、これほどまでに落ち着いて死んでいった者は、見たことがありません」

松陰先生は、こうして刑場に散ったわけですが、もしかしたら、ご自身では、自分の死を、〝戦場《いくさば》〟での〝討死《うちじに》〟と、考えていたのかもしれません。とすれば……、松陰先生は「武士」としての「死に花」を、みごとに咲かせた……ということになります。

おわりに――「吾が志を張りて、之を大にするに如《し》かざるなり」

こうして松陰先生は人生の幕を閉じるのですが、そののち高杉晋作は、幕府という〝先生の仇〟を、討たずにおくものか……と、誓っています。晋作だけではありません。松下村塾で学んだ数多くの門人たちが、〝先生の仇〟を討つために立ち上がります。しかし、それらの方々も、また悲運のうちに散華していったことは、ここであらためて、言うまでもないでしょう。

松下村塾の塾生数は、はっきりとはわかりません。最大限に見積もって、九十二名という説が有力ですが、限定すれば、四十三名ともいわれています。その四十三名のうち、悲劇的な最期をとげた人の数は、次のとおりです。

松下村塾生の殉難

①割腹……六名　②陣没……一名　③討死……四名　④斬首……一名　⑤獄死……一名

（徳永真一郎『吉田松陰』参照）

四十三名のうち、十三名が、国事に奔走し、非業の最期をとげています。伊藤博文を入れれば、さらに「暗殺一名」が加わるわけで、要するに、約三割です。

そのような歴史を見てくると、松陰先生の魂は、どうやら、「武蔵の野辺」に留まる……というだけではすまなかったようです。その魂は、門人たちの身に添い、門人たちの魂を、つぎつぎと燃え上がらせ、ついには、わが国全体の〝旧体制〟を焼き尽くし、浄化させていきます。

松陰先生は生前、門人たちに「たとえ私の肉体は死んでしまうとも、魂魄《こんぱく》はこの世に留まって、お前たちの身に添うて、必ず私の志を貫く」と断言しています（妹・千代の談）。その言葉のとおり、松陰先生につづいて、吉田稔麿《としまろ》、入江九一、久坂玄瑞、高杉晋作……、そして維新後も前原一誠など、松下村塾の門人たちは、次々と殉難していきます。

しかし、その無数の屍《しかばね》の上に、夜明けの光は射しそめ、わが国は、新しい明治という時代を迎えます。そして有色人種では、世界ではじめての近代国家を形成し、やがて大東亜戦争によって、白人諸国の世界支配体制を崩していくのです。

そのような近代日本の歴史をかえりみる時、私は、『留魂録』のなかの和歌の一首を想起します。先ほどお話ししましたとおり、『留魂録』は、五首の和歌で締めくくられていて、そのうちの一首は、すでにご紹介しましたが、それら五首の最後の和歌は、次のようなものです。

七たびも　生きかえりつつ　夷《えびす》をぞ　攘《はら》はんこころ　吾忘れめ哉《や》

（歌意・「私は、楠公のように七回も生き返り、わが国に侵略してくる白人諸国を打ち攘うつもりです。その心を、私は生まれかわっても、けっして忘れません」）

つまり、松陰先生の「攘夷」の志は、ある意味、近代日本の先人たちの勇戦奮闘によって達成された……ともいえるのではないでしょうか。

こうして歴史を大局的に見てみると、松陰先生は、明治維新という大変革の幕を開けるため……、そして近代日本の幕を開けるため、まずは自分の人生の幕を、あえて意図して閉じさせたのではないか……とさえ考えられます。そのような〝天命〟を、たぶん他の誰よりも、松陰先生自身が、自覚していたのではないでしょうか。

最後に、重要なことを申し上げます。松陰先生は、もちろん偉い方です。けれども、松陰先生の死後、もしも門人たちが、先生の死に恐れをなしたり、怯《ひる》んだりして、立ち上がらなかったら……、歴史はどうなっていたか?……ということです。

もちろん明治維新は起こらず、その結果……、わが国は白人諸国の植民地にされていたことでしょう。そして、もしも日本が、その時点で白人諸国の植民地になっていたら、松陰先生の偉業も……、それどころか、わが国の存在そのものも、世界史の荒波のなかに消え去ったでしょうし、そればかりではなく、今も世界は、白人諸国の世界支配体制がつづいていたことでしょう。

つまり、松陰先生を真に偉大な存在にしたのは、門人たちの奮闘であった……ということになります。同じことは、日清、日露、大東亜の英霊たちについてもいえます。

戦後は、それら……あまたの国難に殉じた英霊たちを「ムダ死に」などと罵《ののし》る愚か者が、政治家にも官僚にも、学者にも教師にも、そして何よりメディアに満ちていますが、英霊を「ムダ死に」にするのも……しないのも、じつは今を生きる、私たち今の日本人しだいなのです。

つまり、私たちが、これから「日本を取り戻す」ことができれば、先人たちの「死」は、意味ある「尊いもの」になりますし、私たちにそれができなければ、先人たちの「死」は「ムダなもの」にもなります。したがって、先人たちの死を、意味ある尊いものにするのも……「ムダ」なものにするのも、それは、私たちの今後の生き方一つにかかっているわけです。

残念ながら、安倍さんの亡き後、安倍さんの志を継いでくれるもの……と期待していた国会議員たちが、次々と安倍さんの生前のご遺志とは異なる、あるいは反する行動をとりはじめています。たとえば、先月（令和五年五月）以来の「LGBT法」の騒ぎを見つつ、私は、いろいろな方に失望し、落胆することが、少なくありませんでした。

安倍さんが、たった一人で堰《せ》き止めていた〝自民党政治の膿《うみ》〟が……、というより、〝戦後政治の膿〟が、安倍さんの死後、噴き出してきた……かのようにさえ感じられたものです。私事ですが、そのころ私の夢に、安倍さんがあらわれたこともあります。

安倍さんの「留魂」は、自分が引き立ててきた政治家たちの、その後の言動を、どう見ていらっしゃるのでしょう？　私は、たぶん悔しい思いをされているのではないか、と思います。

松陰先生の「留魂」は、多くの門人たちの身に宿り、それを宿した門人たちは、わが国の夜明け前の闇のなかで、決死の行動をつづけ、次々と散華していきました。しかし、生き残った門人たちが、それら悲運に倒れた同志たちの「留魂」も、あわせて身に宿し、また決死の行動をつづけ、さらに散華しつつ、やがて明治維新という大業が成就するのです。

それでは、なぜ安倍さんの「留魂」は、安倍さんが引き立てた多くの政治家たちの身に、ほとんど宿らなかったのでしょうか。それは、松陰先生の門人たちは、そもそもが「武士」であり、したがって先生の「留魂」を宿すに足る資質を、もともともっていた方が少なくなかったから……と考えるほかありません。

そもそも現代の政治家、官僚、言論人などに「武士」であることを期待しても、それは、期待する方が酷というものでしょう。そのような時代のなかで、安倍さんは特立独行《とくりつどっこう》……、日本人らしい国家観や歴史観を心の底で継承しつつ、いまの世で奮闘しつづけました。そして、その勇気ある生涯と、その劇的な最期で、いまの日本にも「武士」が存在することを見せてくれました。安倍さんは、たぶん現代では稀有の「武士」として、長く歴史にその名を留めることになるでしょう。

もし今後も、安倍さん亡きあとの政治家、官僚、言論人などが、ほとんど頼りにならないという、いまの状態がつづくようであれば、微力ながら、私たち一人ひとりが、しっかりするほかありません。先人たちから受け継いだ日本を、あくまでも日本らしい日本に戻した上で、さらに少しでも、よりよい国にして、次の世代に渡すこと……、それが、今を生きている私たちの責務です。

つまり、亡き安倍さんを、真に偉大な存在にするか、しないか……は、今後の私たちの奮闘しだい……ということになります。松陰先生の言葉を借りて言えば、「安倍さんを哀しむは、安倍さんを知るに如かず。安倍さんを知るは、安倍さんの志を張りて、之を大にするに如ざるなり」ということです。

ですから、お互い、今日から「安倍さんの志を張りて、之を大に」するため、日々、自分の「至誠」を積み重ねてまいりましょう。

第三章

昭恵夫人と「士規七則《しきしちそく》」

「安倍晋三元総理の志を継承する集い」
でご挨拶される昭恵夫人
（令和５年７月８日／実行委員会提供）

一　昭恵夫人に宿る「留魂」

先の章で私は、安倍さんの「留魂」を身に宿したような政治家が、私から見ると残念ながら今のところ、ほとんど見当たらない……というようなお話をしました。しかし、お一人だけ、はっきりとその「留魂」を身に宿している方がいることに、近ごろ私は気づきました。政治家ではありません。昭恵夫人です。

昭恵夫人は、令和五年七月八日、安倍さんの一周忌に開催された追悼集会「世界に咲き誇れ日本――安倍晋三元総理の志を継承する集い」で、「私は、まちがいなく日本は、神の国だと信じています」と断言されるなど、すばらしいご挨拶をされています。そして、そのご挨拶の動画をすべて拝見して、私は、次に引用するお言葉に、いささか衝撃を受けました。

というのも……、令和五年六月十六日に成立した「ＬＧＢＴ理解増進法」について、〝そのような法律をつくることは、亡き主人の遺志に反する〟ということを、公の場で、はっきりと発言されているからです。そのころ、「この法案には、安倍さんも賛成していた」などと言っていた人もいたようですが、昭恵夫人は、公の場で堂々と〝それはデマです〟と指摘されたわけです。

その部分を、私が書き起こしましたので、読んでみましょう。

「最後に私が主人に頼んだのは、LGBTの友人に会ってくれ、ということでした。法案のことで、私はLGBTの友人たちがたくさんいるので、いろいろと批判の声がありました。主人にそれを伝えて、『直接、話を聞いてもらえないか』と言ったところ、主人は、『いいよ』と言って、一緒に食事をしてくれました。食事をしながら、飲みながら、彼らの話を熱心に聞いて、一つひとつの課題に対して、『法律にしなくとも、これは、こういう解決方法があるんだ』と、『日本は昔から差別をするような国ではないんだ』と、議論を重ねて、彼らは、たいへん喜んで、納得をしていました。どんな人とも、きちんと話をして、そして、解決を見出していくという主人の姿に、私は、ほんとうに感謝をし、また、尊敬をしていました。

これから皆さま方、主人がいなくなって悲しいという思いは、持たれているかと思います。私も、ほんとうに悲しいですけれども、怒りの感情を持つのではなく、恨みの感情を持つのではなく、どうか、主人が亡くなったことで奮起をしていただき、この日本の国のために、皆さんの力をあわせていただくことが、主人に対する供養だと思いますし、語りつづけていただければ、と思いますので、よろしくお願いします」

「法律にしなくとも、これは、こういう解決方法があるんだ」「日本は昔から差別をするような国ではないんだ」というところから、それが安倍さんの〝本心〟であったことがわかりますが、そのような安倍さんの〝本心〟とは、真逆の法案が、安倍さんが亡くなって一年もたたない令和五年六月十六日、他でもない自民党・公明党などの手によって成立したわけです。そのことは、昭恵夫人にとって、たぶん憂うべきことであったでしょう。

それにしても、「LGBT理解増進法」を、強引に推進した自民党の国会議員たちは、昭恵夫人のその言葉を聞いて、どう思ったのでしょうか？　たぶん何とも思わない人が多かったのでしょうが、何とも思わないどころか、もしかしたら「いらぬことを言わないでほしい」などと、いまいましく思った人々さえいたかもしれません。

先にも書いたように昭恵夫人は、令和四年七月十二日の安倍さんの葬儀で、「種をいっぱいいているので、それが芽吹くことでしょう」とおっしゃいました。たしかに安倍さんは、「種をいっぱい」まきました。しかし、イエスの言葉を借りて言えば、残念ながら、「道ばたに」落ちて鳥に食われた種……、「岩地」に落ちて枯れた種……、「荊《いばら》の根が張っている中」に落ちて実らなかった種も、少なくなかったのではないか、と思われます。「良い地にまかれ」て、「三十倍、六十倍、百倍の実」が実る（前掲『福音書』マルコ・4／3—20）という光景を、誰より昭恵夫人が、いちばん見たいと願われているはずです。

それでは、その「よい地」とは、どこなのでしょう？　私には、よくわかりませんが、それは、もしかしたら、私たちが、まったく予想もしていない「地」かもしれません。その意外な「地」から、安倍さんのまいた「種」が、芽吹き、花を咲かせ、実を実らせることもあるでしょう。わが国の歴史とは、時にそのような意外な展開を見せるものです。

さて……、その「LGBT理解増進法」の話です。自民党内には、その法案に多数の反対意見があったのですが、自民党の執行部は、それを強引に押し切って与党案をつくり、そして、じゅうぶんな国会審議もないまま、最終的には自民・公明の与党が、日本維新の会と国民民主党の修正案を「まる呑み」することによって、法案が成立しました。

そのため、その法律は、当初の自民党・公明党の与党案より、少しはマシなものになったわけで、つまり、それほど当初の与党案は〝極端〟で、かつ〝危険〟な法案であったわけです。そのまま成立していたら、いまの法律より、より〝極端〟で〝危険〟なものになっていたことは、まちがいありません。

それにしても、いくらアメリカの民主党政権からの圧力があったにしても、自民党のなかで、ほとんどブレーキがかからないまま、〝極端〟で、かつ〝危険〟な法案が成立しそうになったというのは、まことに深刻な事態です。結果的に見ると、かならずしも「保守政党」とは言いがたい日本維新の会、国民民主党の案の方が、自民・公明の与党案より、少しばかり「保守色」が強かった……ということになりますが、そのこと自体……、いまの政界が、いかに〝深刻な事態〟におちいっているか、ということを物語っています。

〝深刻な事態〟とは、安倍さんが亡くなったあと、自民党が、急速に「保守色」を失っている……ということです。いまの自民・公明の与党は、そのたぐいの問題にかぎっていえば、日本維新の会や国民民主党よりも、むしろ立憲民主・共産・社民などのサヨク系の野党の方に、その〝思想的な立ち位置〟が近くなっている、といえます。

生前の安倍さんは、たぶんそのことに気づいていたはずです。それもあって、二度目の総理退陣後は、思うぞんぶんご自分の〝保守的な所信〟を表明することによって、いまの自民党の〝実態〟を、一人でカバーしつつ、また、そのことによって、できれば自民党全体を、少しでも〝保守政党らしい政党〟に引き戻そうと、腐心されていたのかもしれません。

なお、「LGBT理解増進法」の成立を受けて、令和五年十月二十五日、最高裁は、性転換手術を受けていなくても、戸籍上の性別を変更できる……との驚くべき判断をくだしています。今後の日本社会の混乱は、必至でしょう。

二　昭恵夫人と台湾

安倍さんの一周忌でのご挨拶のあと、昭恵夫人は、令和五年七月十七日から二十日まで、台湾を訪問し、高雄市の「紅毛港保安堂《こうもうこうほあんどう》」という廟《びょう》にある安倍さんの銅像と対面されています。その銅像は、安倍さんの殉難から、まだ三か月もたっていない令和四年九月二十四日に建てられた等身大のもので、そのかたわらには、安倍さんの筆跡で「台湾加油」と刻まれた石碑も立っています。

その銅像が建てられている「紅毛港保安堂」とは、そもそも、どういう施設なのでしょう。じつは日本の軍人を祭っている施設なのです。しかも、祭られたのは、大東亜戦争のあとです。この廟の建設については、不思議な話が伝わっていますので、少しご紹介しましょう。

昭和二十一年、台湾の漁師が出港したさい、網に一つの頭蓋骨がかかりました。漁師がもちかえって神棚に安置したところ、大漁がつづいたので、「神」として信仰の対象となります。こうして、昭和二十八年、「保安堂」が建設されるのです。霊媒師が「降霊」したところ、その「神」から、「私は、日本第三十八号軍艦の艦長である」とのお告げがありました。

その後、関係者が調べたところ、確かに台湾の海峡で、「第三十八号哨戒艇《しょうかいてい》」が米軍によって撃沈されていたことがわかり、艦長は、熊本県出身の高田又男さんという方であったことまで判明します。台湾の地元の方々は、そのような英霊を一人にさせてはいけない……ということで、今も、その「保安堂」を、交替で寝泊まりしながら、守ってくださっているそうです。

安倍元総理の等身大の銅像
（台湾　高雄市／出典　台湾ウォーキング）

その話を知って、私は、柳田國男の「民俗学」の世界を思い出しました。台湾の「常民《じょうみん》」には、昔の日本の「常民」の感性が、まだ残っているのかもしれません。

さて、その「保安堂」を守っている方々は、〝高田艦長以下、百四十五名の英霊は、祖国の日本でも慰霊されるべきである〟と考えて、尽力してこられたのですが、日本と台湾は、正式な国交がないので、なかなかうまくいきません。そのことを安倍さんが知り、ようやく令和二年八月十五日を期して、千鳥ヶ淵戦没者墓苑に祀られることが決まります。ところが、おり悪しく武漢から感染が拡大した新型コロナのせいで、その事業が延期になっていたところ、安倍さんが殉難されました。したがってその事業は、いまも棚上げのままになっている……といいます。

そういう安倍さんの尽力への感謝の思いが、「保安堂」での銅像建設につながったわけです。銅像の上には松の木が伸びていますが、それも「こんな炎天下で、安倍さんが立っていたら暑いじゃないか、木陰をつくらないと」ということで……、ちょうどよい松をさがして、植樹されたものだそうです。〈岡美希「安倍外交を振り返って〈第十一回〉」・『大学の使命』二九〇号・令和五年十月〉

奇しくも、〝松の陰《かげ》〟に、安倍さんの銅像は建っているわけです。まぁ……そこまで考えて、松が植えられたわけではないとは思いますが……。

ちなみに、私の知人で、平成二十六年に、「保安堂」を訪れた人がいて、その時の写真を見せてもらったのですが、そこには堂々と旭日旗がはためき、「神艦38にっぽんぐんかん」と書かれたパネルの前に、手の込んだ軍艦の模型まで展示してあります。日本人が忘れてしまっている日本人の英霊を、台湾の方々が慰霊してくださっている……。日本では、近代の憲政史上、最長の在任期間を記録した元首相が、公務中に殉職したにもかかわらず、その現場に目印さえ設置されていないのに、台湾の方々は、銅像や碑文を建てて顕彰してくださっている……。

どちらが、〝人の道〟にかなった行いか……。心ある人にはわかるはずです。

その点、いまの私たち日本人の〝心〟は、かなり恥ずかしい状態にあるのではないでしょうか。しかし、そのような〝恥の自覚〟をもっている日本人は、いま……いったいどれくらいいるのでしょう？

さて……、こうして台湾を訪れた昭恵夫人は、七月十七日には、副総統・頼清徳《らいせいとく》さんとの夕食会に臨まれます。そのさい、昭恵夫人はスピーチをされているのですが、そのなかで、次のように語られています（これも、私が動画から書き起こしました）。

「吉田松陰が亡くなったあと、吉田の弟子たちが、吉田松陰の死に怯《ひる》むことなく、奮起したように、私は主人が亡くなったあと、若い方たちに奮起をしていただいて、明治維新を起こしたように、新しい、すばらしい世の中をつくっていただいて……、そんなふうに思っています。日本、台湾が、いままでも、これからも、ずっとすばらしい友好国でありつづけると思っています。私も、そんなふうに主人の魂とともに、尽力をしていきたい、と思っています」

安倍さんの殉難によって、いろいろな意味で〝怯んでいる人〟は、たぶん少なからずいるのでしょうが、昭恵夫人は、〝自分は怯むことなく「主人の魂とともに、尽力をしていきたい」〟と誓われています。その上で、昭恵夫人は、「若い方たち」の「奮起」を期待されているわけです。

それにしても、一周忌に開催された追悼集会での昭恵夫人のご挨拶も、七月十七日の台湾での昭恵夫人のご挨拶も、ネットの動画がなければ、私は知ることがなかったでしょう。それほど、今のオールド・メディア（新聞、ラジオ、テレビ、週刊誌）は、私にとっては〝役に立たないもの〟になりつつあります。

大切なことは、ほとんど……あるいは、まったく伝えず、大切でないことは大々的に、かつ執《しつ》拗《よう》に伝えつづけています。情報の取捨選択の判断基準が、どう見ても〝反日サヨク的〟です。

ですから、いまの日本のほとんどのメディアは、もう〝日本人のためのメディア〟ではなくなっている……と言っていいかもしれません。それにもかかわらず、日本のオールド・メディアは、市場原理的にいうと〝圧倒的な寡占状態〟にあって、〝競争原理〟がはたらかず、そのためか……、何の反省や改善もないまま、近ごろ、ますますその偏向した報道姿勢を強めているように思われます。

三　令和五年の松下村塾と「士規七則」

昭恵夫人が台湾でスピーチをされてから、二か月ほど後、私は、久しぶりに萩の松下村塾を訪れました。私は平成七年から、毎年九月、九州や山口にある幕末から近代にかけての史跡を、勤務する大学のゼミ生たちと旅してきましたが、九州新幹線が開通した平成二十三年からは、鹿児島で、知覧の「特攻平和祈念館」、南洲墓地などを訪ねたあと、萩の松下村塾、松陰墓地などを訪ねるようになっていました。

そのような旅は、ありがたいことに令和元年までつづいていたのですが、令和二年、シナの武漢から感染が蔓延した疫病によって、その旅も中止に追い込まれます。そして、ようやく令和五年九月になって、じつに四年ぶりに、私は学生たちとともに、かつてのコースをたどることができたのです。

萩の松陰神社では、久しぶりに現在、名誉宮司をされている上田俊成さんにお会いすることができました。そして、上田さんのご厚意により、以前と同じように私たちは、松下村塾の畳の上にあげていただいたのですが、いつも私が座らせていただいている場所は、かつて安倍さんが松下村塾を訪れたさい、座られていた場所です（本書の巻頭には、平成二十五年八月十三日、安倍さんが松陰神社に参拝したあと、松下村塾の畳の上に座っている写真をかかげています）。そして、その場所こそ、かつて松陰が座っていた場所なのです（渡邊蒿蔵・渡邊吉蔵「吉田松陰先生絵伝」参照）。

そのあと私たちは、神社の「至誠館」で、四年ぶりに『留魂録』の現物を拝見し、翌朝、松陰のお墓参りをしました。松陰の遺体は、東京の松陰神社に葬られていますが、萩のお墓には、遺髪が収められています。

墓地から少し降りたところが、〝松陰生誕の地〟です。墓地と生誕の地のかたわらに、下田踏海の時のようすを再現したものでしょう……屹立《きつりつ》して、前を凝視する松陰と、跪《ひざまず》いて松陰を見上

ゼミの学生と吉田松陰像を仰ぐ
（令和５年９月７日／筆者撮影）

げる金子重之輔の、堂々たる銅像が立っています。私たちが訪れた時、銅像の背後の木々の間から、清らかな朝日が美しく射していました。

私は、その銅像を仰ぎつつ、ふと……こう思いました。〝安倍さんは、時空を超えた松陰の門人ではなかったのか……〟と。

そのゼミ旅行の前、私は大学で、学生たちとともに〝松陰といえば、この一文〟ともいうべき「士規七則」を、あらためて学んできていました。武士としての心構えを、松陰が七か条にまとめたもので、その最後の第七条は、こういうものです。

読んでみましょう。

「『死ぬまで、正しい行動をやめない』という昔の言葉は、言葉そのものは短いですが、その意味するところは、はてしなく広いものです。意思が強く忍耐強いこと、思い切りがよく決断力があること、肚《はら》がすわっていて微動だにしないこと、それらはすべて『死ぬまで、正しい行動をやめない』という覚悟が、心のなかに定まり、そのあと、はじめて生まれるものなのです（原文・「『死而後已（死して後已む）』の四字は、言簡《げんかん》にして、義《ぎ》広し。堅忍果決《けんにんかけつ》、確乎として抜くべからざるものは、是《これ》を舎《お》きて術《すべ》なきなり」）」

安倍さんは、難病をかかえながらも、憲政史上、総理大臣としては最長の在任期間を記録し、わが国の国民の生命と財産を守るための、さまざまな政策を実現させました。そして二度目の総理辞任の後も、自民党内の最大派閥のトップという高い地位にありながら、その立場に胡坐《あぐら》をかくことなく、それまでと変わらず……というより、もっと激しく、わが国と国民の、生命財産を守るための、勇気ある発言をつづけていました。

たとえば、わが国は「敵基地攻撃能力」をもつべき……と訴えたこと、「台湾有事は日本有事」と明言したこと、「核シェアリング」の検討を訴えたこと、「わが国には継戦能力がない」という国防の危機を暴露したこと……などです。そういうさなか、安倍さんは凶弾に倒れたわけです。

まさに「死して後已《のちや》む」の人生でした。もしいまも、松陰先生の「留魂」が、わが国を見守ってくださっているのなら、たぶん安倍さんの御霊《みたま》に対して、「あなたは、立派に『不朽の人』になりましたよ」と、言ってくださることでしょう。

四　乃木希典、山県有朋の「羨望」

こういう話を思い出します。安倍政権の母体となった議員グループに「創生日本」というものがありますが、二度目の総理を辞任されたあと、安倍さんは、そのメンバーと、山県有朋の旧邸宅であった東京・目白の椿山荘《ちんざんそう》に集まったそうです。その時、安倍さんは、そのグループの議員たちに、こういうことをおっしゃったといいます。「山県有朋は、伊藤博文をうらやましいと言っていた」と……。

なぜ「うらやましい」のか……というと、松下村塾の塾生たちの多くは、志なかばで、国のために散華していったわけですが、かねてから伊藤博文は、そのような同志たちのことを思い、自分も「死ぬときは畳の上で死にたくない」と言っていたそうで、結局……伊藤は、その〝望みどおりの最期〟を迎えたからです。伊藤が、そういうことを言っていた……ということについては、参議院議員の衛藤晟一《えとうせいいち》さんの証言があります。

衛藤さんの祖母は、朝鮮李王朝の李家の養育係だったそうです。伊藤は生前、李家を、よく訪れていたらしく、その時、そういう話をしていた……ということを、衛藤さんは祖母から聞いたことがある、と書いています（衛藤晟一「全力で目指した新しい『日本の朝』」・『正論』令和四年十月号）。

松下村塾の同門であった山県有朋は、そういう伊藤の最期を「うらやましい」と語っていたわけですが、なぜか安倍さんは、その山県の言葉を、二度目の総理を辞めたあと、自分を支えてくれた国会議員たちに語っていたのです。そして、そう語っていた安倍さんが、戦後では、はじめて「畳の上」では死ななかった総理大臣経験者になったわけですが、もしかしたら安倍さんには、何か〝予感〟でもあったのでしょうか……。

もっとも、伊藤の最期を「うらやましい」と思ったのは、山県有朋だけではないようです。乃木希典もそうでした。

乃木は伊藤の殉難について、こう語っています。

「国家のためには、まことに哀惜《あいせき》のいたりなれども、伊藤公のためには、じつに立派なる最期にして、羨望《せんぼう》にたえず。自分などは、そういうことを、ねらいおるなれど、トンとあたらず」（學習院輔仁会編『乃木院長記念録』〔三光堂・大正三年〕）

乃木は、いうまでもなく松陰を教育した玉木文之進《たまきぶんのしん》から教育を受けた人です。山県や乃木の死生観は、今日の日本人からは、想像もつかないものでしょうが、伊藤のような最期は、「武士」の心を、まだもっていた人々からすれば、「羨望」にたえないものであったことになります。とすれば……、安倍さんの最期も、乃木や山県から見れば、「武士」として「羨望」にたえないものであった……ということになるでしょう。いろいろと考えていくと、戦後の日本の著名人のなかで、そのような〝武士らしい最期〟をとげたのは、安倍さんと、あとは三島由紀夫さんくらいしかいない……ということになるかもしれません。

そのように考えた上で、吉田松陰、三島由紀夫、安倍晋三と並べて見ると、そこには、時間も空間も超えて、松陰の「七生説」でいうところの一つの「理」が貫いているように感じられます。したがって、「理」が時間も空間も超えたものである以上、かならずや次の時代も、その次の時代も……、永遠に「理」は、わが国では傑出した人物というかたちをとって、かならず世にあらわれてくるはずです。

それでは、その傑出した人物とは、いつ……どこにあらわれるのでしょう？　本書の第二章で引用しましたが、最後に、あらためて「七生説」の一節を引用しておきます。

「楠公が、また楠公に〝生まれかわる〟回数は、もう数え切れないほどになっているでしょう。ですから、そもそもそれが、たった七回くらいで終わるはずがありません（原文・「楠公の後、復《ま》た楠公を生ずる者、固《もと》より計《はか》り数ふべからざるなり。何ぞ独《ひと》り七たびのみならんや」）」

たぶん私たちが「どこかに傑出した人物があらわれればいいな……」などと他人事のように思っているうちは、たぶん「楠公」が生じることはないのでしょう。しかし、私たちが「私こそが、楠公の生まれ変わりになる」と心を定める時、もしかしたら、すべての日本人が、いつでも「楠公」になりうる……ということなのかもしれません。

現に昭恵夫人は、「主人の魂とともに、尽力をしていきたい」と誓い、昭恵夫人なりのやり方で〝前へ〟と、歩みを進めています。近いところでは、令和五年九月二十六日、ポーランドのワルシャワで、大切な国際交流をされています。

話は、第一次大戦のころ……、大正九年から十一年にかけての話です。そのころのシベリアや満州には、ポーランドを分割占拠していたロシアによって、流刑にされていた二十万人ものポーランド人がいました。

しかし、革命にともなう内戦で、多くの子供が親を亡くし、飢餓や病気に苦しんでいました。そこでポーランドは、世界各国に孤児の救出を訴えたのですが、その訴えに応えたのは、世界中で日本だけでした。

こうしてシベリアに出兵していた日本軍は、七百六十三人の孤児を救出します。孤児たちは東京や大阪で、手厚い看護を受け、祖国に帰っていきました。

そのことへの感謝の思いを、救出された孤児たち本人のみならず、その子孫の人々も、忘れてはいませんでした。ですから、日本軍によるポーランドの孤児救出から百年になるのを記念して、令和五年九月二十六日、ポーランドのワルシャワで記念式典が開かれることになったわけです。

その式典で昭恵夫人は、社会福祉法人「福田会《ふくでんかい》」の後援会長として、ご挨拶されています。そのように昭恵夫人は、まことに大切な国際貢献を、今も地道につづけていらっしゃるのです（『産経新聞』令和五年九月二十八日）。

ですから、私たちもおよばずながら、「すばらしい世の中」をつくるため、松陰や安倍さんをはじめとする方々の「魂とともに」、勇気をふるいおこして〝前へ〟と歩みを進めていくべきでしょう。私たちにできることは、小さなことかもしれません。

しかし、すべての日本人が、最初からあきらめて何もしなければ、たぶん日本は、ほんとうに〝終わってしまう〟のではないでしょうか。ですから、私たちは、まずは〝私から〟、わが国のために〝何かできること〟を、はじめなければならないのです。

なお、令和五年九月二十五日の参議院本会議で、少しおもしろいやりとりがあったので、付言しておきます。自民党の参議院幹事長の世耕弘成《せこうひろしげ》さんが、代表質問のさい、総理大臣の岸田文雄さんに向かって、松陰の「天下後世をもって、己《おの》が任となすべし」(「久坂玄瑞に復する書」・『丙辰幽室文稿』)という言葉をもって、その政治姿勢を批判したのですが、それに対して、岸田さんも、松陰の言葉をもって、その批判に応じるという一幕があったのです。

自民党の総理大臣に対して、自民党の代表質問者が、その政治姿勢を批判するというのも、めずらしいことですが、両者が松陰の言葉を用いて応酬したというのは、さらにめずらしい出来事です。お二人が、どれほど松陰のことを理解されているのか、私は知りませんが、そういう出来事からしても、松陰や安倍さんの「留魂」は、まだ日本の国政の中心のどこかに宿っていて、その志を貫こうとされている……といえるのかもしれません。

付記　終わらない「ネガティブ・キャンペーン」

本書の校正中、にわかに自民党の「政治資金パーティー券」の問題が起こりました。令和五年十二月十四日には、岸田文雄内閣内の「清和政策研究会（いわゆる「安倍派」、以下「清和研」と記します）」のすべての閣僚が交代し、自民党の要職からも、「清和研」が一掃され、東京地検特捜部の捜査は、着々と進んでいる……といわれています。まるで無数の雷が、わが国の政界に一度に落ちてきたかのようなありさまです。一種の「政変」といっていいでしょうが、今後、捜査が、どのように進むのか……、それが、わが国の政界に、どのような影響を及ぼすのか……、いまのところ私には、まったくわかりません。

そもそも、検察庁の「特別捜査部」（東京、大阪、名古屋の各地方検察庁に設置されています）は、占領中、GHQの主導で設立された組織です。その組織の成り立ちから考えると、〝日本の真の独立〟を志す政治家ならば、金銭の授受に関しては、他の政治家よりも、より身ぎれいにしておく必要があったはずですが、どうやら、そのような志と緊張感をもって職務にあたっていた政治家が、いまの日本には少なかったようです。

その点、生前の安倍さんは、「清和研」の「パーティー券」の問題に、かなりの危機感をもっていたようです。ジャーナリストの岩田明子さんは、次のように語っています。

安倍さんは、長く総理大臣を務めていたため、ずっと「派閥」から離れていて、令和三年十一月、はじめて派閥の領袖に就任しました。それ以前から「清和研」では、「パーティー券」の「キックバック（還流）」という悪習がつづいていて、安倍さんは、令和四年二月、その悪習を知って激怒し、「このような方法は問題だ。ただちに直せ」と会計責任者を叱責し、二か月後には、あらためて事務総長らにクギを刺したそうです。そのため、令和四年五月の「清和研」のパーティーでは、その方針が反映されました。しかしそれから、わずか二か月後、安倍さんは凶弾に倒れるのです（「安倍首相は激怒、会計責任者に『ただちに直せ』自民パー券疑惑、岩田明子氏が緊急取材『裏金』は、細田時代の悪習だった」・『夕刊フジ』令和五年十二月十二日　配信）。

以上のような岩田さんの証言は、その後、産経新聞の阿比留瑠比さんによって、補強されています。阿比留さんは、「安倍氏自身はそもそも清和政策研究会のパーティー券を売らないことにしていた。……首相就任後はずっと離れていた派閥に復帰して安倍派会長に就任してからは、パーティー券キックバックと政治資金収支報告書への不記載の悪習をやめさせた」と証言していますます（阿比留瑠比「マスコミが作り出す汚名」・『産経新聞』令和五年十二月二十一日）。

さらにその後、意外なことに（?·）、あの『朝日新聞』が、岩田や阿比留さんも言及していないことを、詳細に報道をしています。

要約すると、こうなります。「安倍晋三元首相が首相退任後の二十一年十一月に派閥に復帰し、新会長に就任。安倍氏は二十二年の派閥パーティーを五月に控えた四月、還流の取りやめを提案した」。ところが、「議員側」は、「急な方針転換に反発」し、「安倍氏が七月に銃撃事件で死亡した後」、八月に髙木毅・前党国会対策委員長が、「事務総長」に交代すると、「最終的に四月の方針は撤回され、従来通りの裏金としての還流が九月にかけて実施された」（『朝日新聞』令和五年十二月二十三日）。

つまり、安倍さんが廃止を提案し、実際に一度廃止された悪習を、「清和研」は、安倍さんの死後、安倍さんのご遺志に反して、すぐに復活させていたわけです。「ＬＧＢＴ法」と同じく、この問題でも、本来なら安倍さんの遺志を継ぐべき国会議員たちが、安倍さん亡きあと、安倍さんの生前のご遺志とは異なる、あるいは反する行動をとっていた……ということになります。

いまのところ、オールド・メディアの多くは、かつての「アベがー」にかわって、「アベ派がー」と連呼していますが、そのような「悪習」の是正に尽力していた安倍さんの名前が、逆に「悪習の代名詞」のように使われている……という現状は、なんとも理不尽な話です。こうして……、生前には「モリ、カケ、サクラ」……、殉難直後は「旧統一教会」……、そして殉難から一年半たったいまは「パーティー券問題」……と、安倍さんへの直接間接の「ネガティブ・キャンペーン」は、いぜんとしてつづいているわけですが、今後、事件の全容が明らかになっていけば、こと安倍さん本人に関しては、これまでのさまざまなものと同じく、それが「ぬれぎぬ」（つまり「冤」）であった……ということが、たぶん明らかになるでしょう。

ちなみに、派閥の政治資金パーティーの売上の還流分を、「政治資金収支報告書」に記載しないということは、もちろんやってはいけないことですが、それ以上に深刻な問題は、政治家の「政治資金パーティー」の「パーティー券」を、いまは外国人が無制限に買えるようになっている……ということです。これは、外国勢力からの政治献金を禁じた「政治資金規正法」二十二条の五の立法の精神に反する〝巨大な抜け穴〟で、その〝巨大な抜け穴〟を通じ、外国勢力による水面下での内政干渉が、日常的に行われている可能性さえあります。これこそが、「パーティー券問題」をめぐる最大の問題ではないか……と思われるのですが、検察もオールド・メディアも、その最大の問題については、なぜか沈黙しています。私には、そのことが不可解でなりません。

以上、長々と書いてまいりましたが、この小冊子が、亡き安倍さんの「冤魂《えんこん》」を「慰め」るため、わずかでもお役に立つのであれば、それにまさる私の幸いはありません。ここに私は、あらためて安倍元総理の「御霊《みたま》」に、祈りを捧げるばかりです。

なお、本書の出版にあたっては、明成社の和田浩幸さんのお世話になりました。記してお礼を申し上げる次第です。